KIATSU

Sensei Masafumi Sakanashi
Dra. Alejandra Maratea

KIATSU

Uma alternativa para o alívio da dor

Traduzido por Luis Carlos Cintra
Sob supervisão do prof. Wagner Bull
www.aikikai.org.br

EDITORA PENSAMENTO
São Paulo

Título original: *Kiatsu — Una alternativa para el alivio del dolor.*

Copyright © 2004 Editorial Kier S. A., Buenos Aires.

Todos os direitos reservados. Nenhuma parte deste livro pode ser reproduzida ou usada de qualquer forma ou por qualquer meio, eletrônico ou mecânico, inclusive fotocópias, gravações ou sistema de armazenamento em banco de dados, sem permissão por escrito, exceto nos casos de trechos curtos citados em resenhas críticas ou artigos de revistas.

A Editora Pensamento-Cultrix Ltda. não se responsabiliza por eventuais mudanças ocorridas nos endereços convencionais ou eletrônicos citados neste livro.

(Recomendamos
que consulte seu médico)

Dados Internacionais de Catalogação na Publicação (CIP)
(Câmara Brasileira do Livro, SP, Brasil)

Sakanashi, Masafumi

Kiatsu : uma alternativa para o alívio da dor / Masafumi Sakanashi, Alejandra Maratea ; traduzido por Luis Carlos Cintra sob supervisão do prof. Wagner Bull. — São Paulo : Pensamento, 2007.

Título original: Kiatsu : una alternativa para el alivio del dolor

ISBN 978-85-315-1477-7

1. Dor — Tratamento 2. Kiatsu 3. Medicina alternativa 4. Saúde — Promoção 5. Sistemas terapêuticos I. Maratea, Alejandra. II. Bull, Wagner. III. Título.

07-0809   CDD-615.822

Índices para catálogo sistemático:
1. Kiatsu : Massagem : Terapêutica 615.822

O primeiro número à esquerda indica a edição, ou reedição, desta obra. A primeira dezena à direita indica o ano em que esta edição, ou reedição, foi publicada.

Edição	Ano
1-2-3-4-5-6-7-8-9-10-11	07-08-09-10-11-12-13

Direitos de tradução para a língua portuguesa
adquiridos com exclusividade pela
EDITORA PENSAMENTO-CULTRIX LTDA.
Rua Dr. Mário Vicente, 368 — 04270-000 — São Paulo, SP
Fone: 6166-9000 — Fax: 6166-9008
E-mail: pensamento@cultrix.com.br
http://www.pensamento-cultrix.com.br
que se reserva a propriedade literária desta tradução.

SUMÁRIO

Agradecimentos   7

Prefácio à edição brasileira   9

Introdução   13

Capítulo 1
Kiatsu e Shiatsu   15

Capítulo 2
A dor   27

Capítulo 3
Kiatsu e seus princípios   33

Capítulo 4
Respiração e expansão de Ki. Posturas corretas   37

Capítulo 5
Relação de dores e seus pontos para pressionar com Kiatsu   51

Agradecimentos

Agradeço à minha família que, com seu amor, apóia sempre cada novo projeto que empreendo.

Sensei Masafumi Sakanashi

Agradeço aos meus filhos, à minha irmã e ao meu marido pela ajuda com que me brindam todos os dias.

Dra. Alejandra Maratea

Queremos agradecer especialmente ao Professor Leandro Pinkler, que colaborou na redação deste livro.

Prefácio à edição brasileira

Conheço o prof. Massafumi Sakanashi há mais de 17 anos e posso afirmar que ele tem uma reputação enorme na Argentina, como grande conhecedor e executor de técnicas de tratamento japonesas, possuindo seu consultório em Buenos Aires e sendo conhecido como quiroprático. Minha amizade com ele nasceu pelo fato dele ser também um grande professor de *aikido*, com quem tive muitos contatos e aprendi muitos detalhes importantes, já que, no Japão, ele foi aluno do mestre Kuwamori, que foi muito próximo de Seigo Yamaguchi, um outro mestre conhecido por sua técnica extraordinária, que pouquíssimos professores ocidentais, e até mesmo japoneses, conseguiram igualar. Convideio a visitar o Instituto Takemussu em diversas ocasiões e realizamos juntos muitos seminários, nos últimos 15 anos, tendo ele também me convidado a ensinar em seu *dojo,* numa troca bastante profícua, no que diz respeito ao aspecto da divulgação e da organização do *aikido* latino-americano.

Quero dar aqui um depoimento.

Em 1994, viajei com ele à cidade do México, para participar de uma reunião da FLA (Federação Latino Americana de *Aikido*). Durante o evento, ao realizar um movimento brusco, acabei com uma dor enorme nas costas, e estava me movendo com muita dificuldade. Comecei a tomar diclofenato de sódio para aliviar a dor, mas sem resultado, e então decidi recolher-me ao hotel e ficar deitado.

No dia seguinte, o meu amigo Prof. Carlos Cordeiro, organizador do evento, iria me levar a um passeio até as famosas pirâmides astecas, onde seria necessário andar muito e subir os inúmeros degraus. Naquela condição física em que eu me encontrava, isso seria impossível e, por isso, quando Sakanashi entrou no meu quarto de hotel para me visitar, manifestei minha insatisfação, pois sempre tive vontade de conhecer os monumentos do passado histórico do povo mexicano, tão bem expresso naquelas magníficas realizações arquitetônicas do passado. Sakanashi me perguntou se eu queria que ele fizesse "massagens" em minhas costas, mas a dor era tão grande que recusei e disse-lhe que preferia esperar pelo efeito do diclofenato, embora eu estivesse descrente — porque a dor era tão intensa que não prometia passar tão cedo — e, afinal, eu mal podia me virar na cama. Então ele disse: "Ok, Wagner, e se eu não lhe tocar, você me permite fazer algo?" Eu lhe disse que, nesse caso, sim.

Ele então me pediu para colocar minhas pernas e braços numa determinada posição e, com seu cigarro, começou a colocar calor em alguns pontos das minhas costas, ao mesmo tempo que me pedia que fizesse alguns exercícios e projeções mentais específicos. Assim a coisa se desenrolou por cerca de 40 minutos, mais ou menos. Ao final ele disse: "Pode se levantar, que você não vai sentir mais dor." Eu não quis acreditar, pois anteriormente não estava conseguindo me mover, mas diante de sua insistência tentei e, para minha surpresa, a dor havia sumido. Fiquei estupefato. Creia o leitor ou não, ainda nesta noite, praticamos um pouco de *aikido* e, no dia seguinte, subi todos os degraus das pirâmides do Sol e da Lua e andei por todo o sítio histórico asteca sem sentir qualquer dor.

Quando Sakanashi Sensei presenteou-me com este livro que fala sobre Kiatsu, não tive dúvidas em querer traduzi-lo, pois ele certamente poderá ajudar muita gente, aqui no Brasil, diretamente envolvida na solução de problemas de dor nas costas, e outros similares, como o que eu tive, além de oferecer uma teoria interessante sobre como esses sintomas incômodos acontecem. Como minha mulher e meu filho são médicos, sempre duvidei um pouco da eficácia desses tratamentos orientais, mas depois do que aconteceu comigo, como posso negar sua validade?

Meu aluno muito querido, Luis Carlos Cintra, traduziu o texto sob minha orientação e estou convicto de que esta pequena obra será de grande utilidade para quem aprecia o tema.

Wagner Bull
Presidente da Confederação Brasileira de *Aikido* –
Instituto Takemussu–Brazil Aikikai. www.aikikai.org.br
04055-040 — Rua Mauro, 323 São Paulo-SP
Tel.: (11) 5581-6241

Introdução

A palavra Kiatsu é formada pelo vocábulo KI (energia vital, energia cósmica) e a palavra ATSU (pressão). Juntos, os dois vocábulos querem dizer "expansão de Ki por meio de pressões". Ki é um termo que se traduz por energia vital, ou ainda força da energia universal. Pode-se entendê-la como uma energia que penetra tudo, enche o universo e é, portanto, a força que anima a vida. Ki também indica a força interior de alguém, o que conhecemos como "espírito", ou seja, nossa essência interior.

As pressões de Kiatsu baseiam-se no Shiatsu (SHI: dedos, ATSU: pressão), isto é, pressão com os dedos ou digitopressão. Os princípios de ambas as disciplinas são absolutamente os mesmos, assim como sua finalidade: restituir a harmonia energética do ser humano.

O Oriente foi rico na criação de técnicas para cultivar uma disposição saudável que integre o corpo com o mundo psicológico e espiritual. Seu legado tradicional se revitaliza hoje no Ocidente pela integração dos conhecimentos biológicos, que confirmam aquilo que as antigas disciplinas conheciam por meio de observação e práticas contínuas.

O presente livro apresenta a síntese de muitos anos de experiência e investigação e comunica os elementos fundamentais da disciplina que denominamos Kiatsu. As páginas seguintes são dirigidas a todos aqueles cuja busca pessoal está orientada para o cultivo da saúde e para o desenvolvimento da consciência, e a todos os profissionais que investigam com sinceridade. É nosso desejo que este trabalho seja proveitoso para todos.

CAPÍTULO 1

KIATSU E SHIATSU

A palavra Kiatsu é formada pelo vocábulo KI — energia vital, energia cósmica — e a palavra ATSU — pressão. Juntos, os dois vocábulos querem dizer "expansão de Ki através de pressões". As pressões de Kiatsu baseiam-se no Shiatsu (SHI: dedos, ATSU: pressão), isto é, pressão com os dedos ou digitopressão. Os princípios que o sustentam são os mesmos que os da Acupuntura, do Shiatsu e da Medicina Oriental como um todo. Para compreender o que significa o Kiatsu vamos explicar alguns conceitos relacionados ao Shiatsu.

O Shiatsu é um tipo de massagem que consiste em realizar sucessivas pressões sobre a superfície corporal com o fim de preservar e conservar a saúde, prevenir enfermidades e até tratar certas doenças.

Originou-se no Japão e se insere na chamada Medicina Oriental. Deriva de uma massagem muito antiga, a massagem Anma, a qual, juntamente com outras técnicas de massagem, consistia em fricções, apertos e pequenos golpes, o que a diferencia do Shiatsu, já que este último desenvolveu uma técnica baseada na quietude, que depois iremos descrever.

O Shiatsu foi oficializado no Japão ao término da Segunda Guerra Mundial, em 1945, e a partir de então expandiu-se com muita velocidade por toda a Europa e América.

As pressões do Shiatsu, como também as do Kiatsu, são feitas com a polpa dos polegares; pode-se usar também as palmas das mãos e — em certas circunstâncias e de acordo com a experiência do terapeuta — os cotovelos, os joelhos e os antebraços.

A técnica dessa massagem deriva da atitude humana instintiva de colocar a mão sobre a parte do corpo que acusa uma dor, ou um golpe ou lesão.

Há três princípios básicos que regem a técnica da massagem Shiatsu:

- A PRESSÃO DEVE SER EXERCIDA EM DIREÇÃO PERPENDICULAR AO PLANO SUPERFICIAL DO CORPO E DIRIGIDA AO CENTRO DO MESMO.

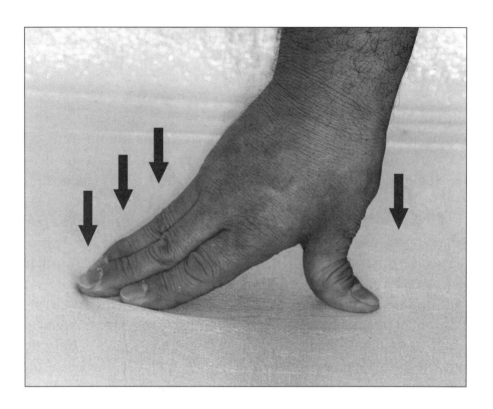

As pressões tangenciais ou em diagonal são mal toleradas e podem produzir dano ou contraturas.

- AS PRESSÕES EXERCIDAS DEVEM SER SUSTENTADAS.

Neste caso, entende-se duas coisas por pressão sustentada: O corpo do paciente, ou o segmento do corpo a ser trabalhado, deve estar sempre apoiado, por exemplo, por uma superfície dura como o piso, ou pelo próprio corpo do terapeuta. As pressões deverão ser sustentadas ao longo do tempo. Uma vez chegado ao máximo de pressão, o dedo permanecerá imóvel durante 3 a 5 segundos, que é o tempo mínimo para favorecer a circulação de energia.

O TERAPEUTA DEVE UNIR SEU CORPO E SUA MENTE, NUMA ATITUDE CONCENTRADA NO "AQUI E AGORA".

Isto implica também uma atitude relaxada, já que qualquer tensão poderá ser transmitida ao paciente. Para conseguir essa concentração relaxada, convém respirar profundamente três vezes, com a parte inferior do abdome.

Como usar as mãos?

O que se usa com maior freqüência é o polegar. Deve-se apoiar a polpa do dedo.

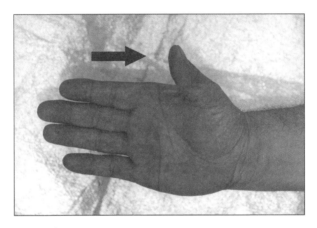

AS POSIÇÕES CORRETAS DAS MÃOS são as seguintes:

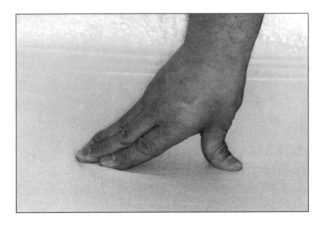

- Quando usamos uma das mãos.

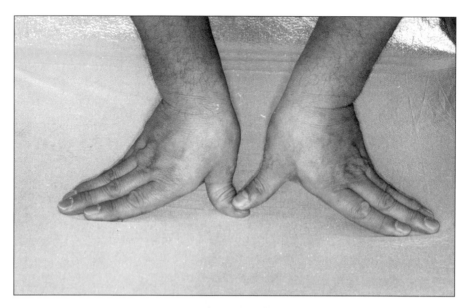

- Ambas as mãos com polegares **sobrepostos**.

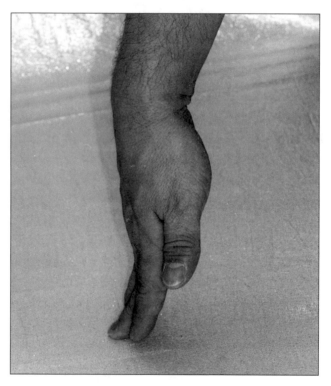

- Pode-se usar também os quatro dedos.

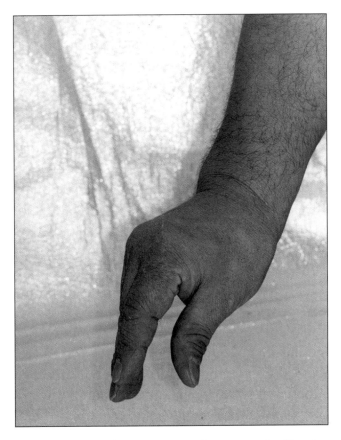

- Pinçar um músculo entre o polegar e o indicador.

Pode-se usar também toda a palma da mão sobre a superfície corporal, mas ela deve se adaptar corretamente à superfície do corpo a ser trabalhado.

Outra posição muito cômoda é a de polegares adjacentes, isto é, sem sobreposição.

Onde se efetuam essas pressões?

Essas pressões são feitas em todo o corpo, desde a cabeça até os pés; para isso coloca-se o paciente em diferentes posições, que são:

- Posição sentada
- Posição em decúbito lateral direito e esquerdo
- Posição em decúbito ventral
- Posição em decúbito dorsal

As pressões são exercidas sobre os canais ou rotas que transportam energia, denominados meridianos por analogia com os meridianos que circundam a Terra. Tais meridianos são caminhos por onde circula nossa energia vital (KI), da qual falaremos mais adiante. Assim como as artérias e veias transportam sangue, os meridianos transportam energia e estão distribuídos por todo o corpo. Os meridianos apresentam áreas, distribuídas ao longo de seu percurso, em que essa energia se torna mais superficial. Tais regiões são os pontos de acupressão ou *TSUBOS* (em japonês), assim chamadas porque são os lugares onde iremos pressionar com os dedos ou onde os acupuntores introduzirão suas agulhas de acupuntura.

Por outro lado, cada meridiano apresenta uma parte do seu percurso superficial sobre a pele, mas em um ponto começa a se aprofundar e assim continua, até se vincular a um determinado órgão. Cada órgão tem o seu meridiano, que o relaciona à superfície.

Portanto, ao fazer uma massagem Shiatsu, efetuamos as pressões sobre esses pontos ou Tsubos, localizados ao longo do trajeto dos meridianos. Esses pontos exercem diferentes influências em todo o corpo, regulando a função de diferentes órgãos, de acordo com o meridiano em que se localizam.

Na visão da medicina oriental, a saúde depende de um fluxo ininterrupto da nossa energia por todo o corpo, ao longo dos meridianos. Os desequilíbrios, enfermidades e dores se devem a bloqueios na circulação do Ki, que produzem uma carência de energia em um setor, assim como um excesso de energia em outro. É o que ocorreria se puséssemos um objeto que funcionasse como um dique de contenção no interior de um tubo por onde circulasse a água. Ao pressionar com os dedos nesses lugares de

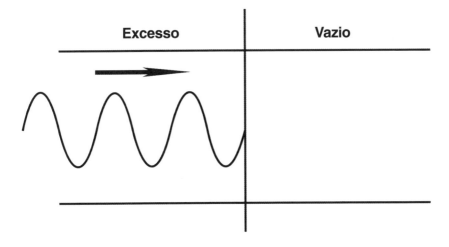

bloqueios, estimulamos o corpo para que elimine a obstrução. É este, justamente, o princípio sobre o qual se assentam as pressões da massagem Shiatsu.

Cabe mencionar que os efeitos das pressões são muito importantes para o corpo, já que várias de suas funções ocorrem por diferenças de pressão como, por exemplo, a circulação do sangue, o transporte de diferentes substâncias de um lado a outro da membrana plasmática celular, o intercâmbio gasoso, a respiração etc.

As relações humanas têm como necessidade básica o contato com outros seres; esse contato pode ser tátil, visual, auditivo etc. Na vida moderna onde, sentados diante de um computador, sem necessidade de nos mover, podemos realizar diferentes coisas — desde fazer compras até conhecer gente — esta classe de terapias de contato, como o são o Shiatsu e o Kiatsu, torna-se imprescindível. Obviamente, os efeitos de ambas multiplicam-se quando a intenção do terapeuta é positiva com relação à cura e soma-se ao propósito de dar o melhor de si a cada instante. Dessa forma, o Shiatsu transforma-se na mão maternal que se apóia com todo amor sobre o filho que se machucou e com essa intenção alivia a sua dor.

A quantidade de pressão que devemos exercer variará de acordo com a condição do paciente. Ela será aplicada de forma gradual, até alcançar o máximo para essa região, e deverá ser suportável. Apesar de haver muitas variações individuais na quantidade de pressão admitida para cada área, sugerimos uma quantidade de pressão expressa em quilos, que aparecerá em cada caso, nos próximos capítulos.

Para determinar os quilos das pressões que efetuaremos durante uma sessão, devemos usar uma balança, como por exemplo as balanças comuns de banheiro. Exercendo uma pressão com a mão sobre o prato da balança, observamos a marcação do ponteiro e registramos a sensação corporal dessa quantidade de pressão.

Vamos nos referir agora às ações gerais da massagem Shiatsu e das pressões Kiatsu sobre o corpo:

- Melhoram a circulação geral, tanto arterial como venosa e melhoram também a circulação linfática e o retorno do sangue ao coração, já que as pressões nos membros inferiores produzem um bombeamento de sangue que ajuda sua movimentação no interior dos vasos sangüíneos.
- Atuam sobre os músculos, ligamentos e tendões, melhorando, graças às pressões, a nutrição desses tecidos, relaxando-os e facilitando assim a correção do esqueleto.
- Equilibram o sistema nervoso autônomo, pois trabalham sobre a saída dos nervos autônomos de cada lado da coluna vertebral.
- Aumentam a resistência às enfermidades e melhoram as funções gerais do corpo; ativam o sistema imunológico.
- Por serem uma terapia relaxante, que induz o corpo a um estado de regeneração, são indicadas em situações de estresse, insônia, crises de pânico e depressão.
- Estimulam a liberação de endorfinas (hormônios do prazer), motivo pelo qual seus efeitos de bem-estar são duradouros.

O Kiatsu pode ser aplicado com o paciente vestido, se bem que seja necessário que vista roupas cômodas, preferentemente de algodão. É imprescindível que tanto o paciente quanto o terapeuta tirem todos os objetos de metal, como relógios, anéis etc., assim como qualquer acessório que aperte o corpo, como cintas.

Pode-se usar uma maca, de preferência com pernas curtas, ou também realizar a massagem sobre uma superfície dura como o piso, usando-se uma colchonete ou um *futon*.

A temperatura ambiente deve ser agradável porque, à medida que avançamos na massagem Shiatsu, o paciente relaxa e poderá sentir frio.

Precauções especiais deverão ser adotadas na presença de febre alta, varizes, infecções na pele e fraturas.

CAPÍTULO 2

A DOR

A dor é um fenômeno detestável, que vai de um dolorido local até a dor que nos invade a mente e passa a ser a coisa mais importante da vida: não conseguimos evitar que ela se apodere de momentos que se destinariam a outras atividades, impedindo-nos de nos concentrar naquilo que é realmente essencial.

Quase todas as dores no corpo apresentam-se como um círculo, conhecido como ciclo da dor.

Sempre que ocorre um traumatismo ou dano, aparece em mais ou menos tempo uma resposta dolorosa. Frente a esse alarme, o corpo lança mão de uma série de mecanismos de defesa para se proteger de novos danos. Esses mecanismos de defesa são representados por espasmos musculares que tentam proteger a região mas, se esses espasmos musculares persistirem por muito tempo, acabam provocando alterações funcionais dos tecidos moles e das articulações vizinhas à área afetada. Esse espasmo ou contratura muscular produz, por sua vez, uma diminuição da circulação sangüínea, com perda no aporte de oxigênio aos tecidos e, portanto, diminuição do aporte de nutrientes à região em questão. Verifica-se também a diminuição da circulação linfática, com menor drenagem de substâncias tóxicas. Devido à contração permanente do músculo, acumulam-se produtos do metabolismo muscular e a fadiga muscular aumenta, o que piora a concentração de toxinas. Essa maior concentração, por sua vez, aumenta a sensação dolorosa, que é incrementada também pela liberação de substâncias locais da inflamação, como a histamina, as prostaglandinas e as bradiquininas, todas elas substâncias que exacerbam a dor.

Como vemos, desencadeia-se um círculo vicioso no qual se torna imprescindível a intervenção para impedir que a defesa muscular e a disfunção que ela gera levem a uma sucessão progressiva de fatos encadeados, que só provocam mais e mais dor.

Sabemos que o músculo relaxa quando o pressionamos com uma determinada quantidade de peso; e se a esta pressão acrescentarmos a expansão de Ki (Kiatsu), atuando sobre o sistema de meridianos e seus pontos, poderemos limitar o círculo vicioso da dor e dar ao corpo a oportunidade de usar seus mecanismos naturais para se autocurar, restabelecendo assim a circulação de energia e de sangue. Uma simples pressão de Kiatsu de nossa parte e o corpo fará o resto, já que tem sua inteligência.

As dores podem ser classificadas em dores agudas ou crônicas. As dores agudas são de começo brusco e de curta duração; são intensas e bem definidas quanto à sua localização e em geral são causadas por um dano nos tecidos. As dores agudas são mais fáceis de erradicar do que as crônicas.

A dor crônica é aquela que começa lentamente, instala-se em semanas ou meses e pode persistir por anos. Toda dor que se prolonga por mais de seis meses é classificada como crônica. Em geral, nesse tipo de dor a resposta dolorosa é menos intensa, mais apagada ou surda do que no caso da aguda, mas a área envolvida parece ser maior. As dores crônicas são acompanhadas quase sempre de reações psicológicas, como depressão, alterações do sono, diminuição do apetite e diminuição do interesse sexual. As dores crônicas também têm a particularidade de ser referidas, isto é, o lugar da lesão é distante de onde se percebe a dor.

Os pacientes com dor crônica tendem a consumir com exagero medicamentos como antiinflamatórios, analgésicos, relaxantes musculares, tranqüilizantes, hipnóticos e antidepressivos. Esses medicamentos, ainda que possam ser de utilidade no começo da dor, vão tornando mais lento o processo de cura quando se persiste em sua ingestão, produzindo até mesmo vício ou tolerância, o que exige doses cada vez maiores. Além disso, convém lembrar que uma dor que aparece é um alarme do corpo avisando que ocorreu um traumatismo e que é necessário realizar mudanças para solucionar o dano. Desligando-se o alarme (a dor), o aviso cessa mas o processo de dano segue seu curso, com o agravante de que não o notamos e portanto não podemos instrumentar as medidas necessárias para resolvê-lo. Isso é como ter uma casa com alarme anti-roubo mas, quando entram ladrões, em vez de chamar a polícia, desligar o alarme e continuar dormindo. Continuando com os exemplos, seria como bater no nosso filho quando ele chora, para fazê-lo parar de chorar, em vez de averiguar por que estava chorando. Certamente a ninguém ocorreria fazer isso mas, no entanto, muitas vezes tentamos obrigar a dor, esse sintoma aborrecido, a se calar.

Há também dores do tipo crônico, como as contraturas dos músculos, que provêm de tensões depositadas na memória celular do músculo e que, gravadas por um traumatismo físico ou psicológico, são armazenadas na "lembrança inconsciente celular", ficando, por sua vez, conectadas ou associadas a determinadas circunstâncias vivenciais. O corpo restabelecerá essas associações, ainda que o fato em si já tenha passado, contraindo novamente a região ou irritando-a com um estímulo doloroso. É o que ocorre, por exemplo, nas cicatrizes de operações ou em traumatismos importantes, como uma fratura, que doem devido a diferentes estímulos, muitos anos depois do trauma ter ocorrido. Os estímulos podem variar, mas os mais comuns correspondem às mudanças climáticas, umidade excessiva, cansaço geral ou qualquer situação que deprima as defesas orgânicas. O mesmo mecanismo ocorre quando os traumatismos são psicológicos. As pressões de Kiatsu interrompem a conexão da memória traumática e permitem ao corpo continuar cumprindo suas funções com total naturalidade, liberando desse estado essa conexão. Os elementos mais importantes para se obter um resultado ótimo estão sempre em nossa mente, nosso corpo ou nosso espírito. Se você acrescentar os conceitos e conhecimentos que lhe recomendamos, será livre para usar os recursos que a natureza lhe deu. Não desperdice seu Ki em momentos triviais; sua forma de pensar "vale muito" e é a chave. Sua ATITUDE frente a uma dor ou a uma enfermidade pode produzir pensamentos positivos ou negativos. Mantenha um pensamento são e positivo. Lembre-se de quando está planejando as férias; pense como seu corpo recebe o contato com a natureza, como está a cor do seu rosto: ele fica mais rosado, brilhante e vital, ainda que você esteja esgotado física e mentalmente. Só de pensar na viagem, o hotel, a piscina, já se alivia o cansaço. Contudo, se você tem preocupações — e em muitos casos a solução nem mesmo está nas suas mãos — o desgaste é maior porque a sua energia estanca e você precisa empregar uma quantidade extra de energia vital para mobilizá-la. O pior é que, apesar disso, o conflito continua igual, com o agravante de que agora você está mais fraco, cansado e abatido, a sua aparência se torna apagada e as células do seu corpo estão tristes e carentes de energia. Tudo isso é conseqüência das atitudes e pensamentos negativos. A isso nos levam o ódio, a inveja, o rancor, as preocupações, o falar mal dos outros, o fixar-se demais nos defeitos alheios etc.

Temos que aprender a administrar o Ki. Uma das formas é combater nossos estados de negatividade, que são como uma artéria drenando sangue para fora. Imaginemos por um instante toda essa energia empregada em melhorar nossa qualidade de vida, nossa saúde física e mental, o que agirá, por sua vez, como uma pedra atirada a um tanque de água, gerando uma onda que se expande aos demais. Isso lembra um conto sufi muito antigo, segundo o qual o homem possui dentro do coração dois pássaros: um preto e um branco. Podemos lançar o nosso pássaro preto aos outros mas, com essa escolha, deixamos aberto o espaço para que nos seja atirado um outro pássaro preto; podemos também arremessar o nosso pássaro branco a outra pessoa e, com essa escolha, deixar livre o lugar para receber de alguém um pássaro branco.

Nos próximos capítulos apresentaremos uma sugestão de pontos a pressionar, para serem utilizados em diversas enfermidades. Mostraremos como fazer as pressões de Kiatsu em outras pessoas ou em si mesmo.

CAPÍTULO 3

KIATSU E SEUS PRINCÍPIOS

Como já antecipamos, o Kiatsu é regido pelos mesmos princípios da massagem Shiatsu, de modo que os locais de pressão são os mesmos TSUBOS que produzem um efeito instantâneo sobre a dor.

A diferença reside no fato de que às pressões do Shiatsu acrescentamos a expansão de Ki pelas mãos do terapeuta — se as pressões forem feitas em outra pessoa — ou pelas próprias mãos, se as fazemos em nós mesmos.

Para que se entenda no que consistem essas pressões, vamos explicar a noção de Ki. Em japonês, há expressões que usam esse vocábulo, como por exemplo: KI GA ARU (estar interessado), KI GA CHIRU (estar distraído), KI O IRERU (fazer algo aplicadamente). Ki é um termo que se traduz por energia vital ou, ainda, a força da energia universal. Pode-se entendê-la como uma energia que penetra tudo, enche o Universo e todo o seu conteúdo e é, portanto, a força que anima a vida. Cada ser vivo tem uma quantidade e uma qualidade de Ki e isto é o que faz com que nos sintamos atraídos ou, ao contrário, que nos sintamos repelidos por algo ou por alguém. Ki também indica a nossa força interior, que conhecemos como "espírito", ou seja, nossa essência interior.

O Ki e a mente estão relacionados. O Ki é uma energia intangível que, como um fio invisível, une a mente ao corpo, para que a ação do ser humano seja integrada e tenha uma direção coerente. Assim, as ações do ser humano têm um sentido quando sua mente está no centro do corpo (Hara), lugar onde o Ki se concentra, o que nos permite um estado de calma, mesmo quando o exterior é caótico.

Como mencionamos acima, o Ki no ser humano se concentra no abdome inferior (pélvis), num lugar denominado Hara. Daí ele se distribui pelo corpo inteiro, através do sistema de meridianos, para depois se expandir e emergir pelas mãos. Ele é impulsionado a cada movimento respiratório, que age como êmbolo que o injeta nos meridianos, de onde segue para a superfície do corpo, incluindo as mãos.

Em termos gerais, o Ki cumpre, no corpo, diferentes e importantes funções:

1. É fonte de todo movimento (Ki = movimento). Isto é, efetua todos os movimentos corporais, sejam internos — como a circulação do sangue, a circulação de líquidos, os movimentos peristálticos etc. — ou externos, como os movimentos de locomoção.
2. Regula a temperatura corporal.
3. Defende o corpo de agressões externas.
4. É fonte de transformações e metabolismos.

Mobilizar o Ki, de forma que não se estanque, é a chave da saúde física, mental e espiritual. O Ki nunca se esgota. À medida que se gasta com a vida, ele se repõe paulatinamente: temos apenas que permitir a sua recuperação através do descanso adequado, da boa alimentação, de uma respiração correta (da qual falaremos no próximo capítulo) e de uma atitude psíquica positiva. Quanto mais fluida for a sua circulação, mais poderosos serão os seus efeitos.

No Japão, há uma expressão que diz: YAMAI WA KI KARA KURU, que significa "as enfermidades provêm do Ki". Quando a nossa energia está detida, bloqueada, o corpo e a mente adoecem, como ocorre com a água que fica estancada.

O ser humano é uma concentração de Ki. A energia acumulada no corpo humano é tão poderosa que poderia alimentar de eletricidade uma cidade inteira por uma semana. Se dirigirmos essa energia consciente pressionando um TSUBO, poderemos aliviar dores e combater mal-estares que deterioram nossa qualidade de vida.

Portanto, o Kiatsu combina as pressões nos TSUBOS, ou pontos de acupressão, com a irradiação de Ki pelas mãos ou dedos, propiciada através de um determinado movimento respiratório.

No próximo capítulo vamos explicar algumas técnicas respiratórias para mobilizar o Ki.

CAPÍTULO 4

RESPIRAÇÃO E EXPANSÃO DE KI POSTURAS CORRETAS

Para sustentar a vida e, mais que isso, para que esta seja saudável, os seres humanos precisam de certos tipos de alimentos. Para o corpo, esses alimentos são de três tipos: a água com a qual nos hidratamos, o ar que respiramos e a comida com que nos nutrimos. Precisamos também de alimentos para o espírito, que nos brindem com uma vida afetiva, emocional e intelectual plena. Como vemos, o ar e o mecanismo pelo qual se introduz no corpo é um desses alimentos e é básico e fundamental, pois sem ele a vida é impossível. Por essa razão, o nosso corpo tem um mecanismo de segurança que torna impossível parar a respiração além de uns poucos minutos. É básico, justamente porque com ele começa a vida, já que a primeira coisa que o bebê faz, logo que se corta o cordão umbilical que o unia à sua mãe, é respirar — e a partir de então começa a se desenvolver um sem-fim de funções. Se observarmos a respiração de um bebê, vemos que os seus movimentos respiratórios estão centrados no abdome inferior. Conforme vai passando o tempo e vamos crescendo e envelhecendo, a respiração vai ficando cada vez mais superior, ou seja, os movimentos respiratórios passam a se dar acima do umbigo, no nível das costelas inferiores ou bem mais acima, no nível das costelas superiores. Isto ocorre por vários motivos que, em geral, envolvem a vida e a história emocional de uma pessoa, como traumatismos psíquicos, choques ou bloqueios emocionais, consciência corporal etc. Vão-se estruturando, assim, diferentes hábitos respiratórios, configurando um padrão respiratório que fica dessa maneira estabelecido, tornando-se às vezes muito difícil mudar esse padrão, já que muitas vezes ele está ligado a emoções e vivências passadas.

A respiração abdominal é uma respiração profunda, que assegura a correta oxigenação de todos os órgãos internos. Cabe esclarecer que, quando falamos de abdome inferior, estamos nos referindo a um lugar especial do corpo, localizado a cerca de 3 ou 4 dedos abaixo do umbigo e que constitui o centro de gravidade do corpo. Em japonês, esse lugar se denomina Hara, sendo também conhecido como "mar de energia", uma vez que se trata de uma encruzilhada onde se concentram todas as energias corporais, para dali serem distribuídas para o resto do corpo. Os pulmões não recebem apenas o oxigênio do ar, mas também extraem dele o Ki e graças à respiração o enviam ao Hara, de onde esse Ki será distribuído a cada uma das células do corpo. Por isso, se a respiração é superficial e não chega a mobilizar o Hara ou o abdome inferior, não contaremos com suficiente energia para nutrir todo o sistema. Dirigir nossa respiração para o Hara fortalecerá o funcionamento de todos os órgãos e do corpo em geral. Por outro lado, a respiração abdominal profunda carrega de oxigênio os glóbulos vermelhos e aumenta a eliminação do dióxido de carbono, desintoxicando o corpo dos produtos metabólicos inúteis. Esse tipo de respiração constitui uma "massagem" nos órgãos abdominais, sobretudo nos rins, que são nossa fonte e reservatório de vitalidade.

Esse tipo de respiração é, portanto, a forma mais fisiológica de entrada de ar e energia no corpo. Observemos como entra o ar quando inflamos uma bexiga: o ar penetra pela abertura da bexiga e se dirige para a parte inferior da mesma e então, conforme vai entrando mais ar, este se expande para cima e para fora, devido à própria pressão que se exerce a partir do centro. Nunca é ao contrário, e no corpo acontece a mesma coisa.

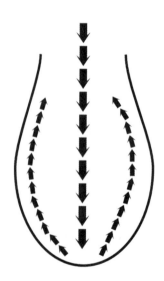

Vamos começar por um exercício simples de respiração abdominal:

1. Deite-se no chão e coloque as mãos sobre o abdome inferior, isto é, abaixo do umbigo. Inspire o ar pelo nariz e conduza-o ao Hara, o abdome inferior. Isto fará com que o abdome se infle e as mãos se separem.
2. Exale o ar lentamente pelo nariz e sinta como o abdome se contrai e volta ao seu tamanho original, permitindo que as mãos se juntem novamente.
3. Acompanhe todo o exercício com a imagem mental do seu corpo inflando-se como uma bexiga, de baixo para cima, a partir do abdome inferior, de onde o a ar se expande para a periferia, ou seja, até os lugares mais distantes, como as mãos e os pés. E esvaziando-se ao expirar, perdendo tonicidade até expulsar todo o ar, como uma bexiga. A inspiração e a expiração devem ser suaves e naturais. Não as force, porque isso impedirá os efeitos desejados e agregará cansaço muscular por causa do trabalho forçado dos músculos respiratórios. Procure manter constante a concentração no Hara. O processo todo deve ser suave e natural e a alternância entre inspiração e expiração deve ser quase imperceptível. Procure sentir, quando termina a inspiração, que o ar chega até a ponta dos dedos das mãos e dos pés. Isso pode dar uma sensação de formigamento, de calor ou de uma corrente que circula.
4. Após a expiração, permaneça sem respirar durante 2 ou 3 segundos e reinicie o ciclo.

Assim, a expansão e extensão do nosso Ki é o resultado da ação integrada da respiração, conjuntamente com a união da mente e do corpo. Quanto mais integrado e unificado for o funcionamento do corpo e da mente, maior será a possibilidade de fazer com que o nosso Ki flua por todo o corpo — e que se estenda e flua para o exterior.

Com esse objetivo, temos antes que trabalhar para nos conscientizar — tomar consciência — da nossa respiração, primeiro na concentração no Hara e, por último, na expansão do Ki.

5. Repetiremos o exercício, mas com a postura sentada.
6. Exercício respiratório para realizar as pressões de Kiatsu.

Comece o exercício sentado numa cadeira, com a coluna ereta, ombros relaxados, sentado sobre os quadris bem apoiados para distribuir o peso no centro do corpo.

Inspire profundamente pelo nariz, levando o ar até o Hara — isto é, inflando o abdome inferior —, retenha o ar por alguns segundos e expire lentamente pela boca — e alterne a cada dois segundos, expirando ora pelo nariz e ora pela boca, até finalizar a expiração. Ao passar para a respiração nasal, sentirá como o fluxo de Ki avança para os braços, que parecerão mais pesados, e depois para as mãos, expandindo-se por último para os dedos, onde poderá haver um aumento de temperatura da pele. Após repetir o exercício várias vezes, a sensação será como se o tamanho da mão tivesse duplicado.

As sensações podem variar de pessoa para pessoa, mas a repetição do exercício permitirá a conexão consciente dos diferentes setores do corpo, aumentando a expansão do fluxo de Ki.

Realizando diariamente essa rotina de seis exercícios, ao fim de pouco tempo você sentirá que está mais centrado, relaxado e vitalizado, preocupando-se menos com as coisas sem importância e dando valor ao que é essencial na sua vida.

Com esta respiração e a aplicação de Kiatsu sobre as regiões doloridas, pode-se neutralizar a dor ou o desconforto com 10 minutos de execução.

Cada pressão deverá durar entre 15 e 20 segundos, mantendo essa respiração. Os quilos, ou quantidade de pressão a ser aplicada num ponto ou Tsubo determinado, são definidos de acordo com a condição do corpo ou da área a trabalhar.

Devemos ressaltar que essas pressões têm o objetivo de produzir um alívio que nos permita chegar à consulta com o nosso médico sem estar tão doloridos e, por outro lado, sem mascarar o sintoma com medicação, para que o profissional dê a ele uma solução definitiva.

A palavra japonesa para saúde (Kenko) denota uma pessoa em uma postura ereta que, ao mesmo tempo, mantém-se relaxada com o decorrer da vida.

É portanto uma palavra que traz implícita a idéia de que a saúde se relaciona com a manutenção de uma postura correta, enquanto a pessoa se mantém relaxada.

Vamos comentar quais posturas são as mais adequadas para conservar o corpo vigoroso.

Postura sentada:

As costas devem ficar eretas. Para tanto, é preciso deslocar os glúteos para trás e sentar-se sobre os ísquios, que são os ossos que sentimos sob as nádegas, apoiando uniformemente sobre eles todo o peso do corpo, de modo que os quadris fiquem a 90 graus com relação à coluna.

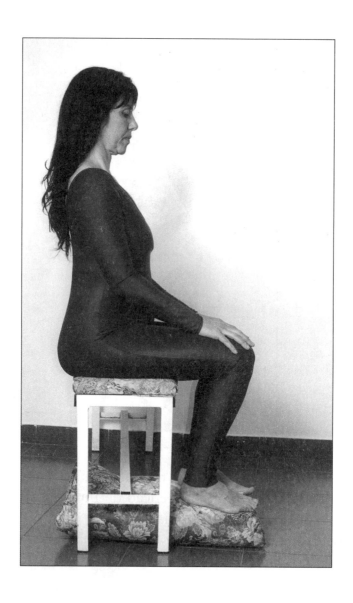

Entre a borda da cadeira e as pernas recomenda-se que haja um espaço, como o espaço que ocupariam ambas as mãos colocadas por baixo das pernas; para isso, sugere-se colocar um apoio sob os pés, para que os joelhos se elevem e se produza assim o espaço sugerido.

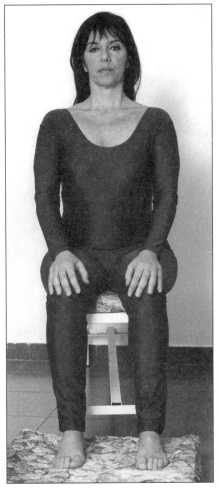

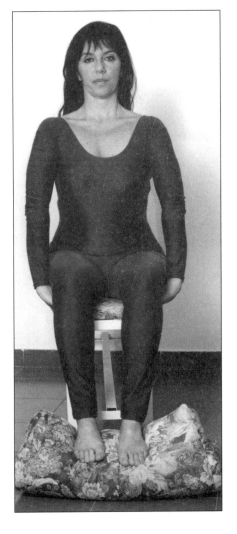

Os ombros devem estar relaxados e, para isso, se fará com eles uma contra-pressão suave, para baixo. A cabeça deverá ficar erguida como se estivéssemos pendurados por um fio que fosse do topo da cabeça até o teto. Com essa postura, o corpo se manterá relaxado e descansado, ainda que trabalhemos por várias horas.

Postura em pé:

Esta posição é mais difícil de manter, já que a nossa tendência é apoiar o peso num quadril — e numa perna — muito mais do que no outro. A forma de comprovar isso é pôr duas balanças de banheiro no chão e subir com um pé em cada uma. Na maioria dos casos, uma das balanças indicará mais peso do que a outra.

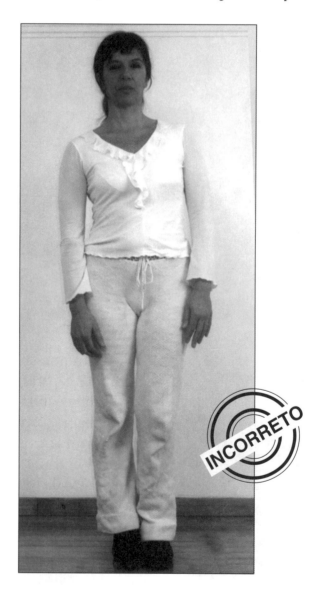

Com o correr do tempo, isso faz com que um lado do corpo fique sobrecarregado de tensões, produzindo-se um desgaste prematuro nas articulações desse lado maior do que no lado oposto e desalinhando-se assim o resto do corpo. Portanto, para alcançar a posição em pé correta, é preciso focalizar a atenção nos quadris e repartir igualmente o peso entre ambas as pernas. Do mesmo modo, os ombros deverão estar alinhados com os quadris.

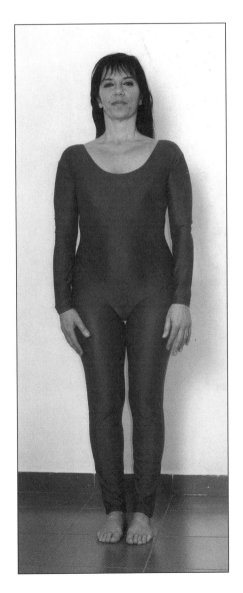

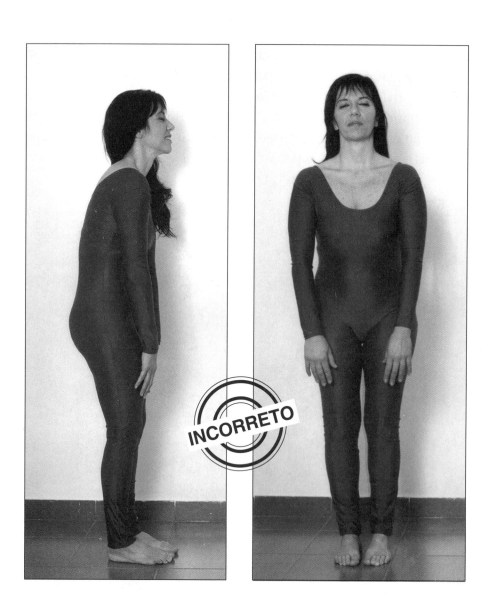

Posição deitada:

A postura adequada para conseguir um bom descanso é preferencialmente de lado, sobre o lado direito, deixando o lado esquerdo do corpo para cima para dar espaço suficiente ao coração, que assim não ficará comprimido por outros órgãos, conseguindo bater sem dificuldade durante a noite inteira. A postura deitada de costas também é aceitável, mas deve-se colocar uma almofada pequena sob o pescoço, nunca sob a cabeça, para compensar e manter as curvaturas normais da coluna.

O colchão deve ser o mais firme possível. Não se recomenda dormir de bruços, para evitar o amassamento dos órgãos com o próprio peso.

Para melhorar a qualidade de vida, aconselhamos a prática de um exercício físico, de preferência que nos agrade. "Ou então, recorrer à caminhada: um pouco todos os dias, para ganhar em qualidade de vida. Deve-se caminhar com passo normal, 100 metros em um minuto ou pouco mais, sem conversar. Os primeiros 800 metros são para aquecimento e podem ser feitos mais lentamente. A partir daí, começa a surtir efeito a ativação geral do corpo em todos os níveis: articular, muscular, circulatório e respiratório, promovendo uma recuperação geral de todo o organismo. A constância em caminhar relaxado ajuda a gerar uma fonte de vitalidade baseada na energia natural do corpo em movimento. Se você não está acostumado a caminhar tanto, comece por uma distância menor, que possa percorrer sem dificuldade. Acrescente 500 metros a cada quinze dias, até alcançar uma hora de caminhada diária. Dessa maneira, permitirá o fortalecimento progressivo dos músculos e ligamentos, sem chegar à fadiga muscular.

CAPÍTULO 5

RELAÇÃO DE DORES E SEUS PONTOS
PARA PRESSIONAR COM KIATSU

Para a localização exata dos pontos onde se farão as pressões de Kiatsu, toma-se a medida de 1 *CUN*, que equivale à medida da segunda falange do dedo médio.

1 *CUN* = FALANGE MÉDIA DO DEDO MÉDIO

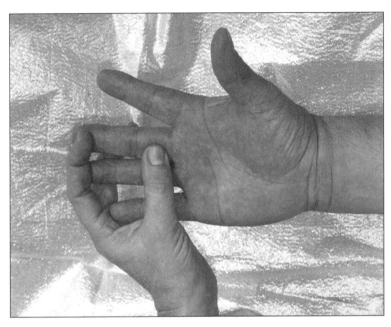

Deve-se fazer pressões contínuas, segundo a técnica respiratória que se explicou nos capítulos anteriores, sustentando a pressão em cada ponto por pelo menos 10 segundos. Pode-se fazer até três repetições da pressão por ponto.

Os nomes dos pontos correspondem ao meridiano onde estão localizados. Por exemplo, *Fígado 3* corresponde ao terceiro ponto do meridiano do fígado; *Pulmão 11* corresponde ao décimo primeiro ponto do meridiano do pulmão. Os meridianos são linhas de energia que se conectam com os órgãos que lhes dão nome, exceção feita aos meridianos do vaso da concepção, do vaso governador, do triplo aquecedor e do pericárdio, que não têm correlato orgânico porque são um conjunto de funções agrupadas. Graças a esses meridianos, tocando um ponto localizado na pele podemos influir na função de um órgão.

Vamos mencionar só alguns dos pontos relacionados às afecções que estudamos aqui para que sirvam como um guia prático que permita ao leitor aliviar outras pessoas ou a si mesmo, até que possa consultar o seu médico.

1) DOR DE GARGANTA

1a) Intestino grosso 18: Na altura da cartilagem tireóidea ("pomo-de-adão"), sobre a borda posterior do músculo esternoclidomastóideo.

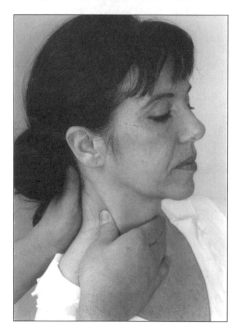
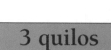
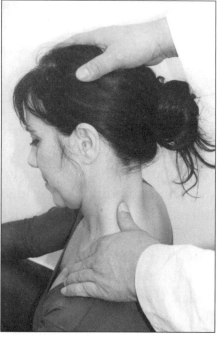

1b) Auto-aplicação.

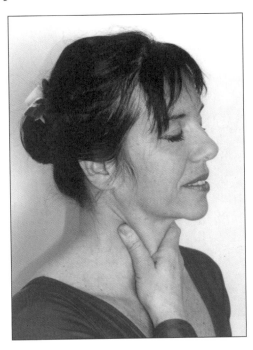

1c) **Estômago 9**: Na altura da cartilagem tireóidea, sobre a borda anterior do músculo esternoclidomastóideo.

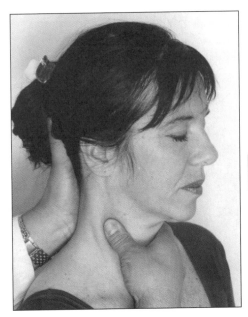

3 quilos

1d) Auto-aplicação.

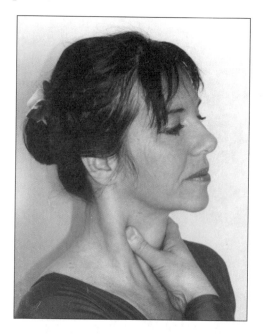

1e) Intestino grosso 4: Entre os dedos polegar e indicador.

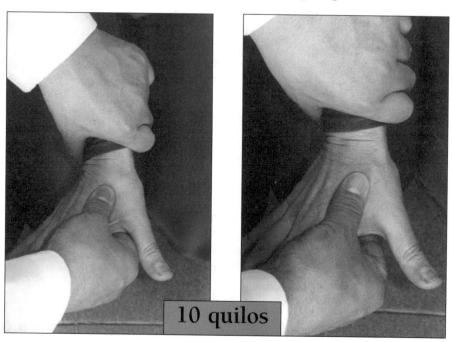

1f) Intestino delgado 17: Por baixo do ângulo da mandíbula.

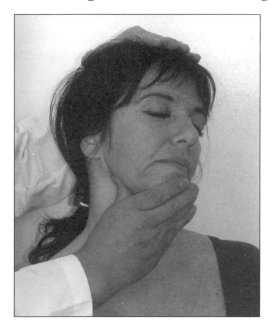

1g) Auto-aplicação.

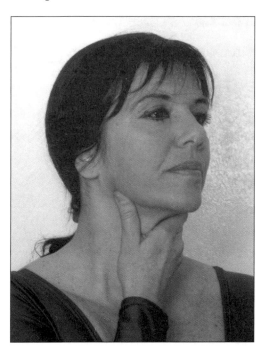

Para a dor de garganta, é muito eficaz realizar exercícios com a língua, como os mostrados nas fotografias seguintes:

1h) Estender a língua para fora, puxando-a suavemente pela ponta.

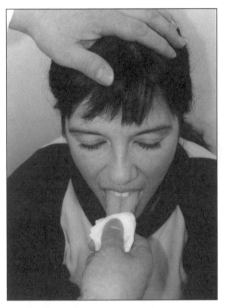

1i) Mantendo a extensão, levar a língua para a direita.

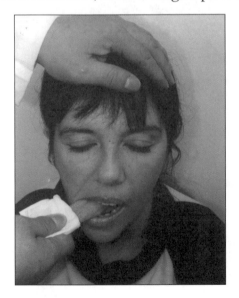

1j) Repetir o mesmo movimento para a esquerda.

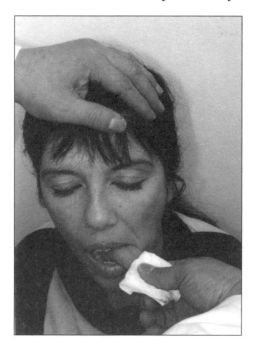

1k) Retorcer a língua sobre seu eixo, levando-a ao mesmo tempo para a direita.

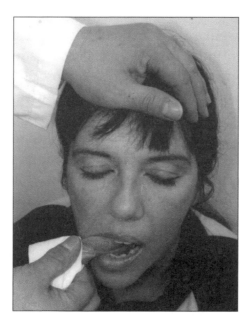

11) Repetir o gesto para o outro lado.

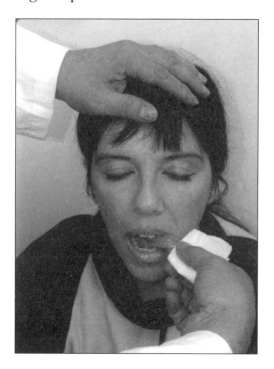

2) CÂIMBRAS MUSCULARES

As câimbras musculares se devem à falta de relaxamento de um músculo que continua tenso depois da atividade. Essa contração permanente produz um acúmulo de ácido láctico e de toxinas e uma diminuição na irrigação local, o que agrava a tensão. Ocorrem em qualquer músculo, mas são em geral mais freqüentes nos músculos que são submetidos a um excesso de atividade ou nos músculos mais inferiores do corpo — como os gastrocnêmicos, na barriga da perna — que recebem, por sua localização, menor aporte de oxigênio frente a uma exigência extra da sua função.

Pode-se melhorar essa condição com a ingestão diária de uma banana, alimento rico em potássio, um nutriente muscular, e duas ou três amêndoas, que contêm magnésio. Se essa condição continuar, deve-se consultar um médico, pela possibilidade de uma deficiência circulatória.

Os pontos a tratar, para que se alivie o desconforto no momento da câimbra, são:

2a) Bexiga 57: Diretamente abaixo do ventre dos músculos gastrocnêmicos, a 8 *cun* do centro da fossa poplítea.

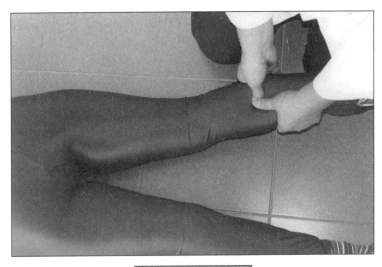

8 quilos

2b) Vesícula biliar 34: Embaixo da cabeça da fíbula (perônio).

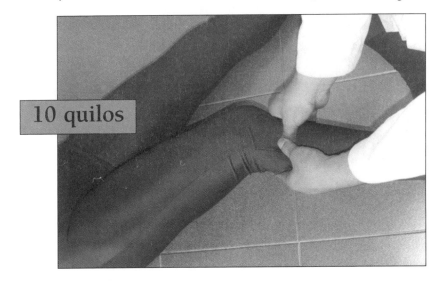

10 quilos

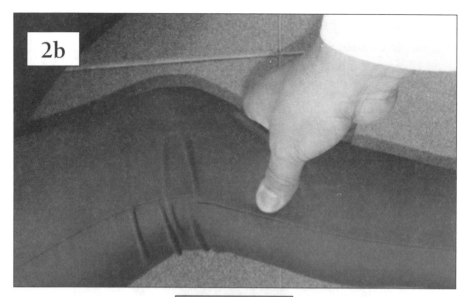

10 quilos

2c) Fígado 3: Numa depressão, a 1 *cun* da separação entre o segundo e o terceiro dedo do pé.

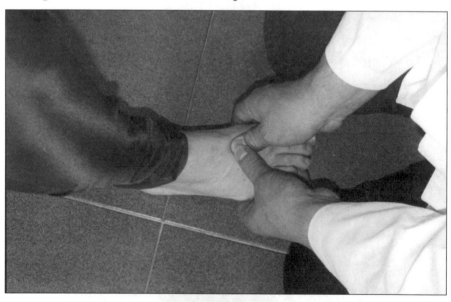

8 quilos

2d) Rins 2: No ponto médio do arco plantar interno.

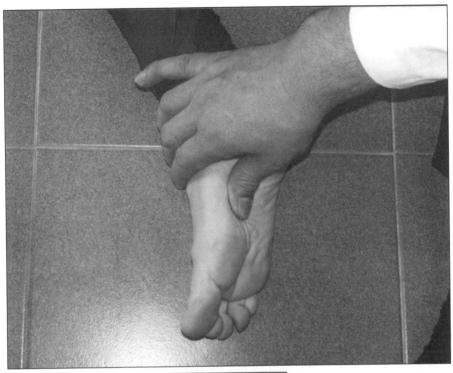

10 quilos

3) DOR CIÁTICA

O ciático é um nervo poderoso, que corre da coluna lombar até embaixo, pela parte posterior da coxa e da perna, inervando todo o membro inferior. A dor, em qualquer ponto do seu percurso, pode ser causada muitas vezes por deslocamentos do disco intervertebral. Este é uma espécie de amortecedor que facilita os movimentos da coluna e que, ao se deslocar, pode irritar o local em que o nervo sai da coluna, como neste caso do nervo ciático. Esse fato se deve geralmente à má postura crônica, seja em pé ou sentada, ou mesmo à falta de exercícios que mantenham sãs e fortes as pernas e o abdome inferior. As posturas desalinhadas debilitam essa região, que assim não pode cumprir corretamente sua função de sustentar o peso do corpo, danificando os discos intervertebrais. Essa dor pode aparecer ao menor esforço, acompanhada de dor na cintura.

Sugerimos alguns pontos para aliviar essa irritação do nervo à espera de estudos que determinem a causa:

3a) Bexiga 26: Entre a 5ª vértebra lombar e a 1ª sacra, a 1,5 *cun* da linha média.

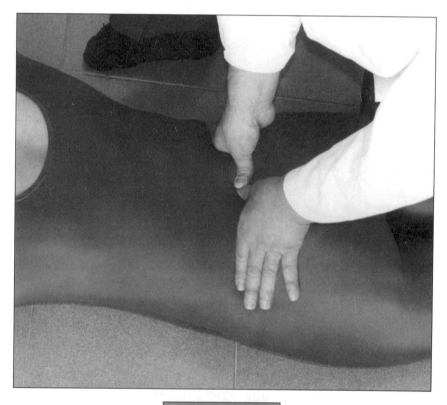

15 quilos

3b) Bexiga 23: Entre a 2ª e a 3ª vértebra lombar, a 1,5 *cun* da linha média.

Como mostram as fotos, pode-se pressionar de duas maneiras.

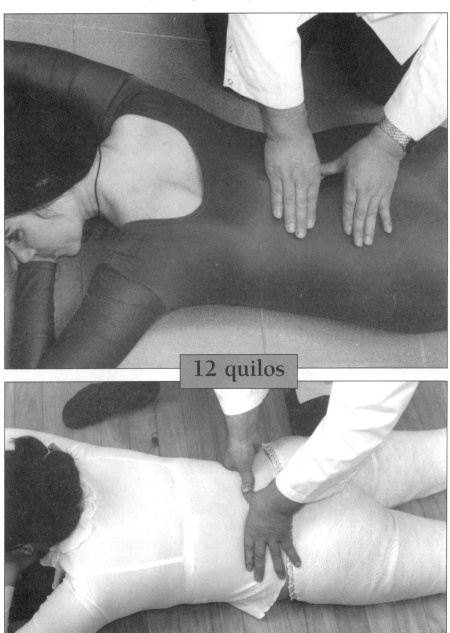

12 quilos

3c) Ponto de Namikoshi.

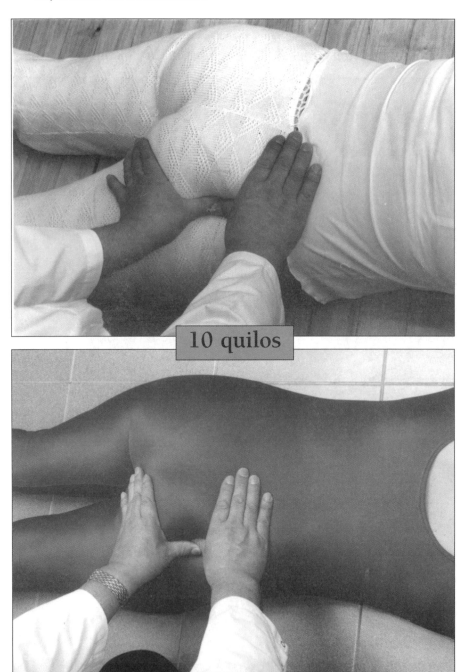

10 quilos

3d) Bexiga 36: Na metade da linha de união entre o glúteo e a coxa.

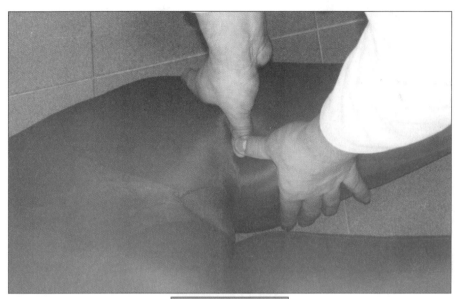

8 quilos

3e) Bexiga 40: No meio da fossa poplítea.

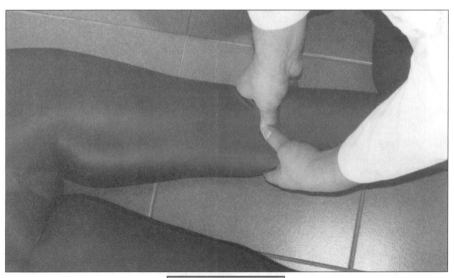

8 quilos

3f) Bexiga 37: A 6 *cun* abaixo do ponto Bexiga 36.

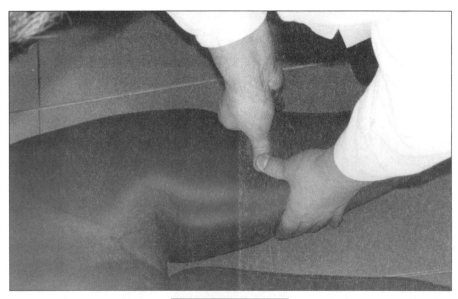

6 quilos

3g) Rins 1: Na planta do pé, no vão que se forma entre os músculos plantares do metatarso.

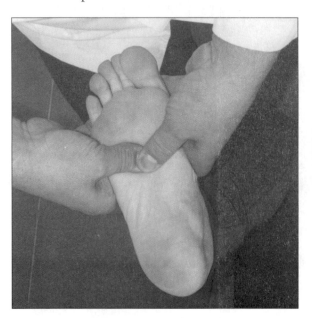

10 quilos

3h) **Bexiga 62**: Imediatamente abaixo do maléolo lateral.

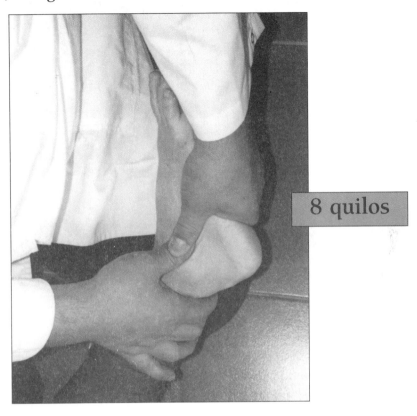

3i) **Vesícula biliar 34**: Abaixo da cabeça da fíbula.

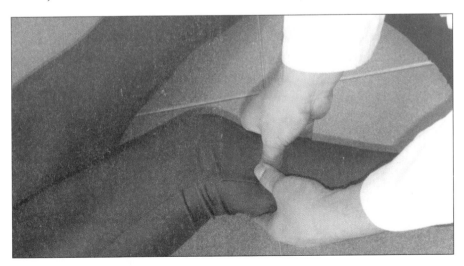

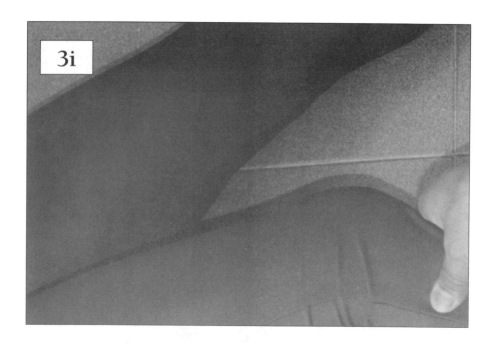

3i

4) CISTITE

É uma inflamação do revestimento interno da bexiga, que produz micções freqüentes e dolorosas, sobretudo no final da micção, emissão de urina turva com odor forte, dor ou tensão na área inferior do abdome e cansaço.

A urina pode ou não estar infectada, devendo-se fazer um exame para confirmar ou descartar essa condição. Geralmente ocorre em mulheres com hábito de reter excessivamente a micção ou por má evacuação intestinal (constipação).

Os pontos para aliviar essa condição são:

4a) Pontos sobre o osso sacro: Pressionar as depressões que se distribuem em sentido longitudinal sobre os dois lados do osso sacro (foramens sacrais).

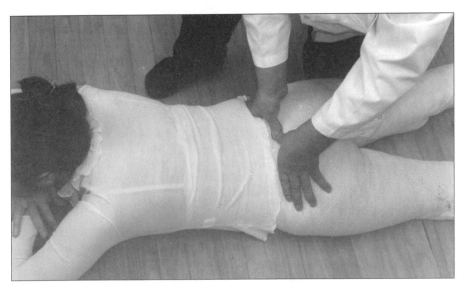

15 quilos — Em homens

5 quilos — Em mulheres

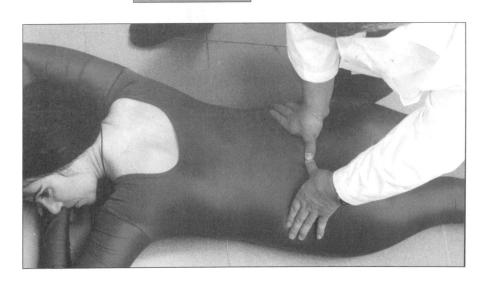

4b) Vaso da concepção 3: A 1 *cun* acima da borda do osso púbis.

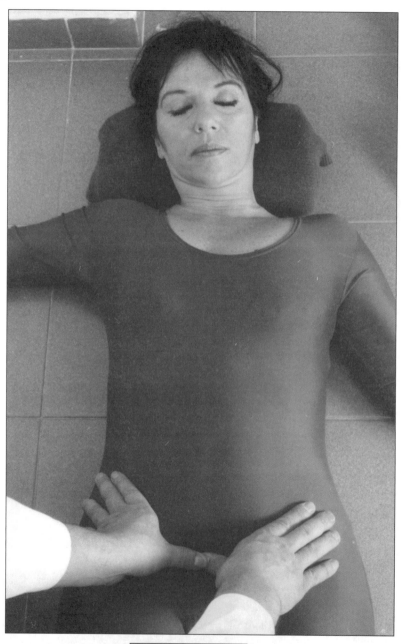

6 quilos

4c) Auto-aplicação.

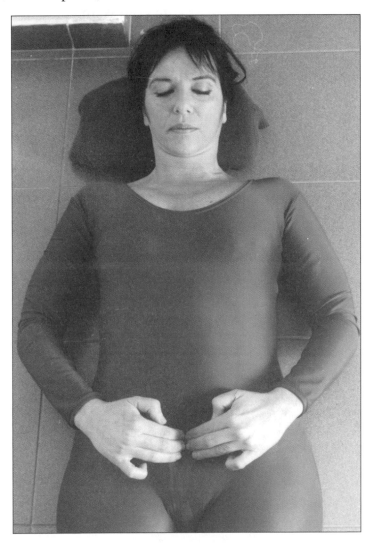

5) *RETENÇÃO DE LÍQUIDOS*

Esse problema consiste na aparição de edema (inchaço) em qualquer parte do corpo, mas com maior freqüência em regiões inferiores, como tornozelos ou pernas, e em lugares em que o tecido é mais frouxo, como o abdome ou as pálpebras. Deve-se a uma lentidão maior na eliminação e pode se dar por falta de exercício (movimento) que, juntamente com o funcionamento preguiçoso dos órgãos de eliminação, faz com que os líquidos fiquem retidos, também por lentidão na circulação do sangue. Não tem sentido tomar mais água nesse caso, já que com isso só se consegue mais retenção e mais edema. Sugerimos, desse modo, a pressão em alguns pontos que estimulam esses órgãos:

5a) **Vaso da concepção 6**: A 1,5 *cun* abaixo do umbigo.

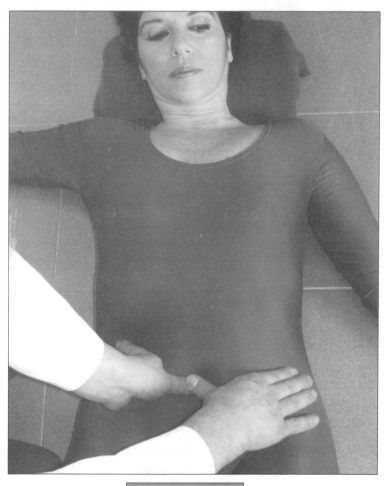

4 quilos

5b) Vaso da concepção 3: A 1 *cun* acima da borda do osso púbis.

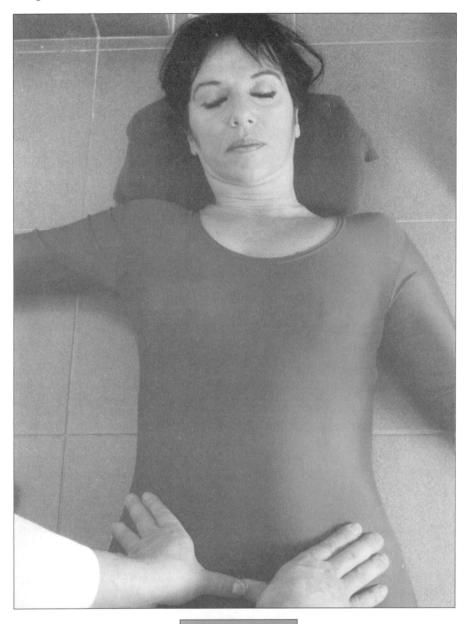

6 quilos

5c) Auto-aplicação.

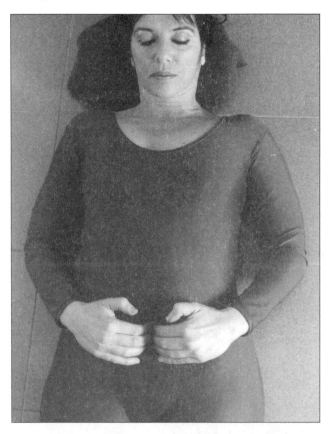

5d) Baço 9: Abaixo do côndilo medial da tíbia.

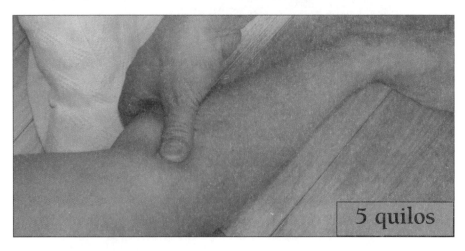

6) CÓLICAS E ESPASMOS

É um tipo de dor que sobrevém a intervalos, ou seja, tem um ritmo que se manifesta em ondas crescentes e decrescentes, com intensidade variável e que se deve à contração dolorosa do músculo liso de uma víscera oca, que pode ser intestinal, bronquial, das vias urinárias ou da vesícula biliar. Deve-se a um espasmo muscular ou à distensão da parede de uma víscera e pode ocorrer por uma inflamação no seu interior (gastrite), por um cálculo (biliar, renal), por uma contração vigorosa para fazer avançar seu conteúdo (intestino, útero) etc. Os pontos a pressionar são:

6a) Estômago 36: A 3 *cun* abaixo da face externa do joelho, a cerca de um dedo para fora da tuberosidade da tíbia.

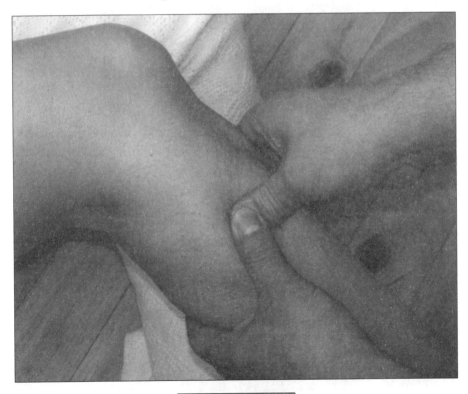

10 quilos

6b) **Pericárdio 6**: A 2 *cun* acima do ponto médio da linha articular do punho.

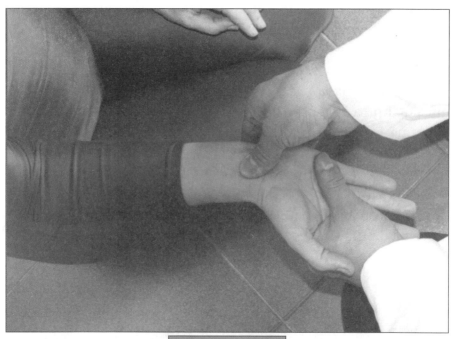

10 quilos

6c) **Baço 9**: Abaixo do côndilo medial da tíbia.

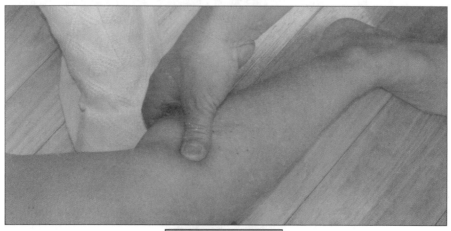

5 quilos

6d) Estômago 25: 2 *cun* para os lados do umbigo.

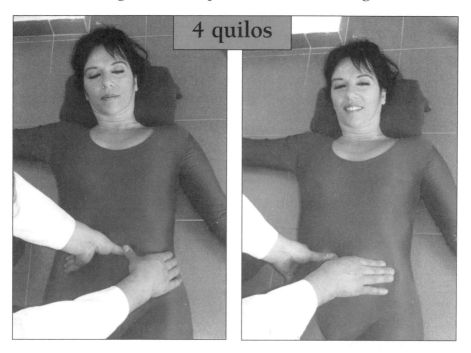

6e) Auto-aplicação.

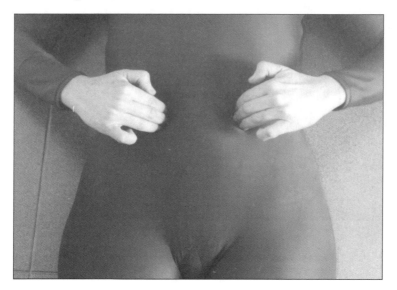

7) CÓLICA RENAL

É uma dor provocada pela presença de cálculos em qualquer lugar do trato urinário, que pode ser acompanhada de infecção das vias urinárias ou do rim. É mais freqüente nos homens. A dor costuma aparecer depois de algum esforço e começa bruscamente: da cintura, estende-se para as coxas, virilhas e inclusive testículos.

Pode ser acompanhada da presença de sangue na urina.

A dor costuma acalmar com um banho quente de imersão e com a pressão dos seguintes pontos:

7a) Pericárdio 6: A 2 *cun* acima do ponto médio da linha articular do punho.

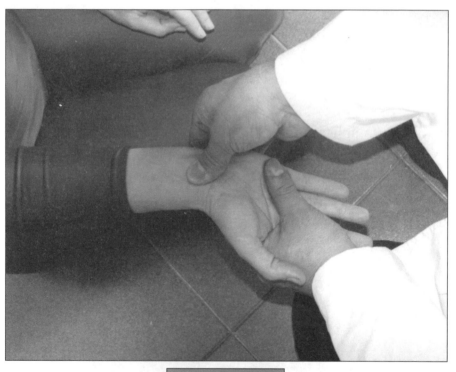

10 quilos

7b) Vesícula biliar 25: (Auto-aplicação). Abaixo da borda inferior da 12ª costela.

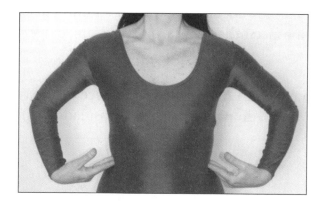

7c) Bexiga 23: A 1,5 *cun* da linha média entre as vértebras lombares 2 e 3.

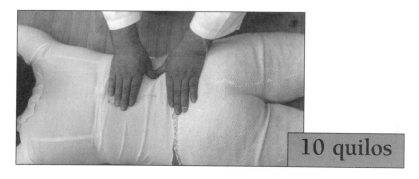

7d) Auto-aplicação.

8) DOR ABDOMINAL

Mencionaremos apenas dois pontos muito eficazes para dores gerais e inespecíficas que, caso não cedam, exigem um exame médico:

8a) Estômago 36: A 3 *cun* abaixo da face externa do joelho, a cerca de um dedo para fora da tuberosidade da tíbia.

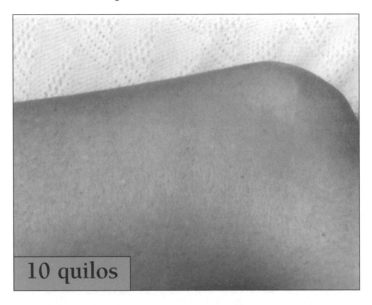

8b) Estômago 25: A 2 *cun* para os lados do umbigo.

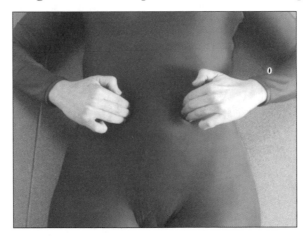

9) CONGESTÃO DOS SEIOS DA FACE

Tanto para resfriado comum como para rinite ou sinusite:

9a) Intestino grosso 4: Entre os dedos polegar e indicador.

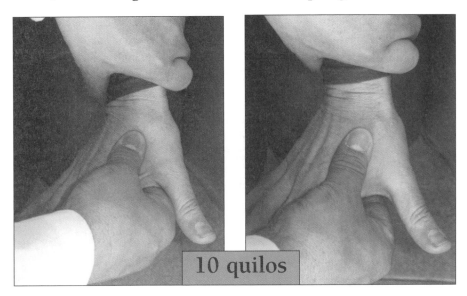

9b) Intestino grosso 20: A cada lado das narinas.

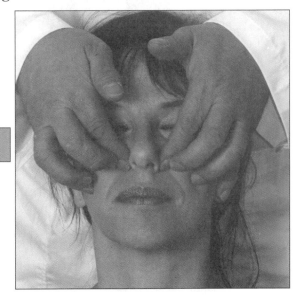

9c) Toda a borda do nariz.

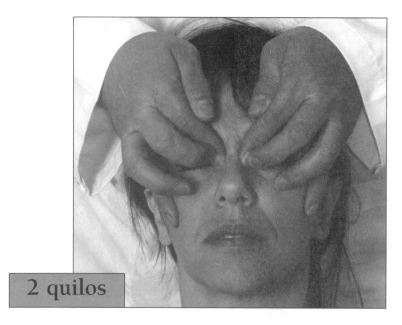

2 quilos

9d) Auto-aplicação.

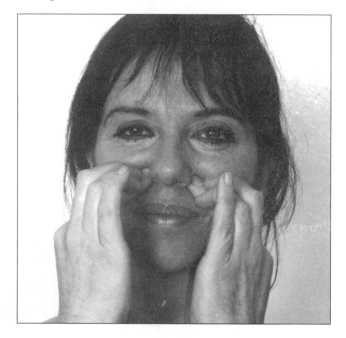

9e) **Vaso da concepção 24:** Abaixo do septo nasal.

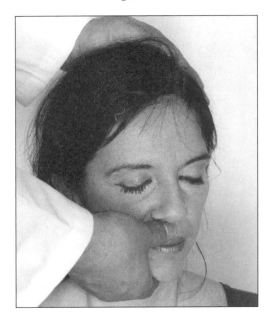

9f) Auto-aplicação.

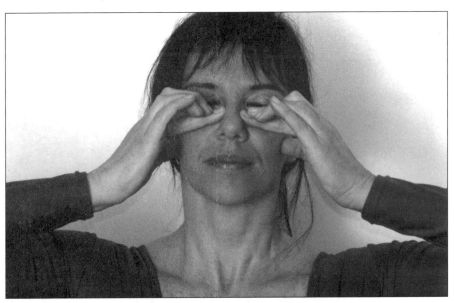

9g) Auto-aplicação.

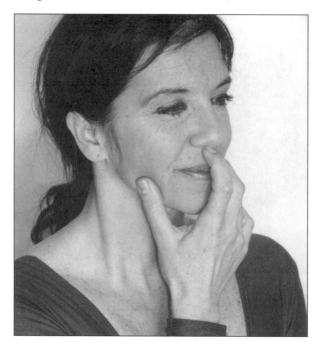

10) DOR DE DENTES

10a) Intestino grosso 4: Entre os dedos polegar e indicador.

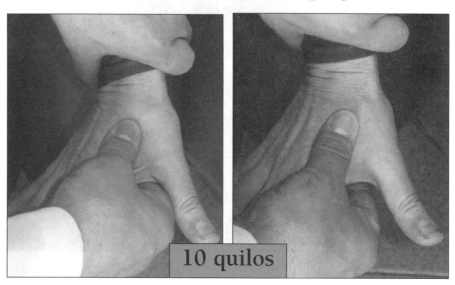

10b) **Intestino delgado 17**: Abaixo do ângulo da mandíbula.

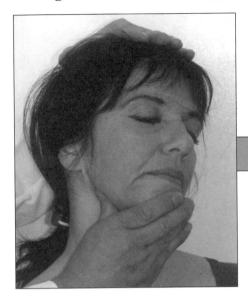

10c) Auto-aplicação.

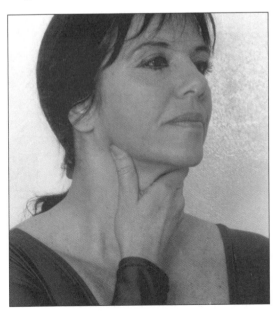

10d) Triplo aquecedor 17: Atrás do lóbulo da orelha, no vão entre a mandíbula e o processo mastóide.

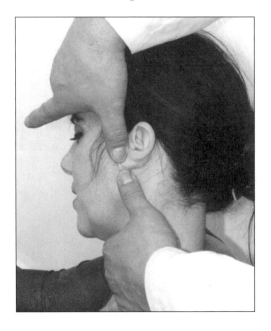

3 quilos

10e) Estômago 5: Anterior ao ângulo da mandíbula, sobre a borda anterior do músculo masseter (da mastigação).

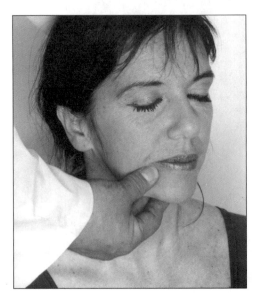

3 quilos

10f) Auto-aplicação.

11) *DOR DE OUVIDOS*

11a) **Intestino delgado 19**: À frente da orelha.

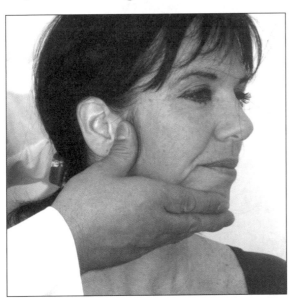

2 quilos

11b) Auto-aplicação.

11c) Triplo aquecedor 17: Atrás do lóbulo da orelha, no vão entre a mandíbula e o processo mastóide.

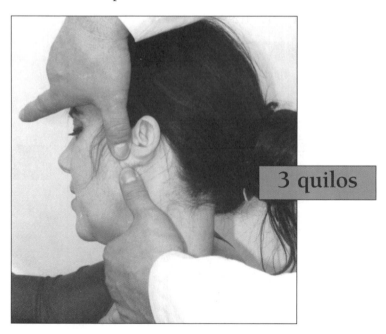

3 quilos

12) DOR NOS JOELHOS

A dor nos joelhos pode ter múltiplas causas. Entre elas mencionaremos a artrose, isto é, o desgaste da cartilagem articular, que provoca o roçar constante das superfícies dos ossos, erodindo-os. A artrose se deve a seqüelas de acidentes, lesões em esportistas (desgaste de meniscos), sobrepeso, causas hereditárias. Outras causas de dor nos joelhos, não relacionadas à artrose, são assimetrias dos quadris, que produzem um mau alinhamento do corpo, com sobrecarga do peso mais de um lado do que do outro, com sobreexigência do aparelho músculo-tendíneo desse lado que, em geral, é acompanhada de dor lombar. De qualquer forma, sempre que houver dor no joelho, devemos tratar também os pontos lombares já que, como se diz, os joelhos são o "espelho" das vértebras lombares.

12a) Estômago 35: Ambos os lados do joelho.

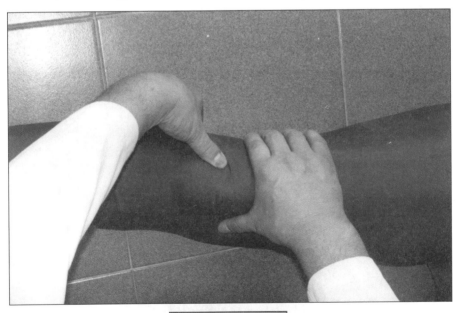

6 quilos

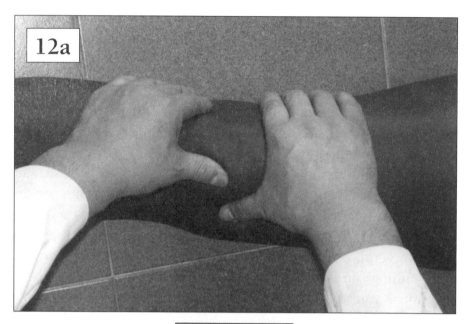

6 quilos

12b) Pressionar toda a borda superior da patela (rótula) até embaixo e a borda inferior até em cima.

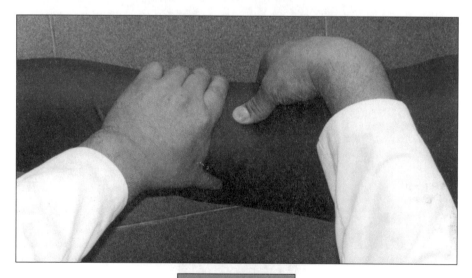

6 quilos

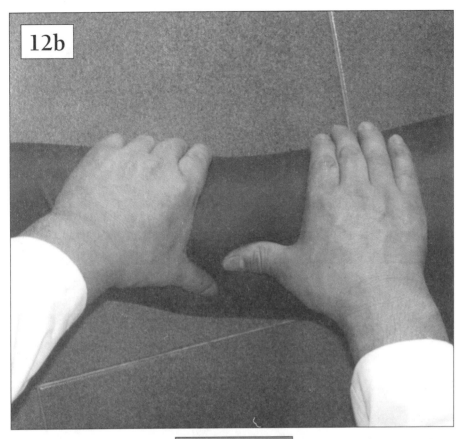

6 quilos

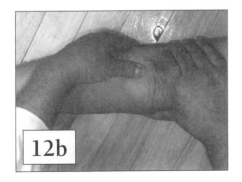

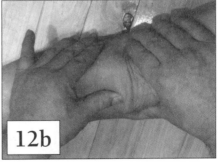

12c) Baço 9: Abaixo do côndilo medial da tíbia.

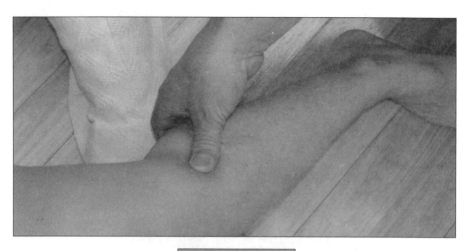

5 quilos

12d) Estômago 36: A 3 *cun* abaixo da face externa do joelho, a um dedo para fora da tuberosidade da tíbia.

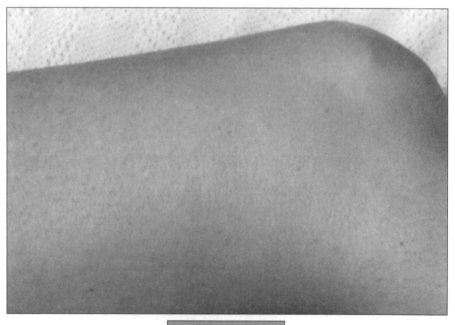

10 quilos

12e) **Vesícula biliar 34:** Abaixo da cabeça da fíbula.

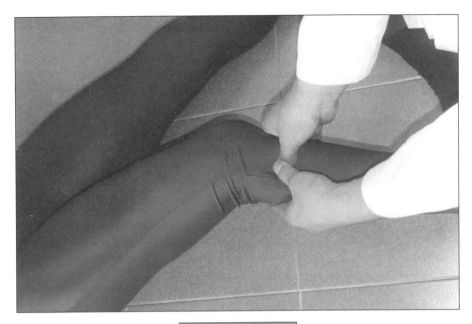

10 quilos

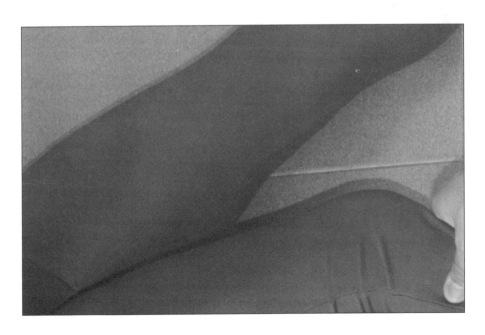

12f) Bexiga 40: No meio da fossa poplítea.

PRESSIONA-SE TAMBÉM OS PONTOS INDICADOS PARA DORES LOMBARES.

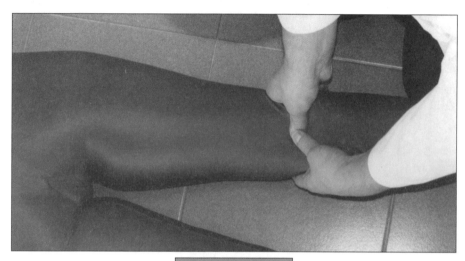

8 quilos

13) DORES DE PARTO

13a) Baço 6: A cerca de 4 dedos da ponta do maléolo medial.

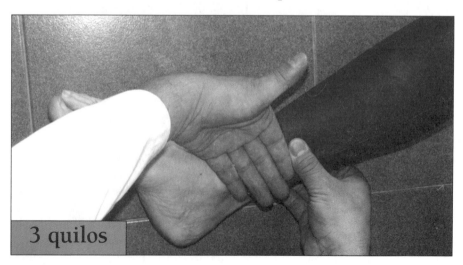

3 quilos

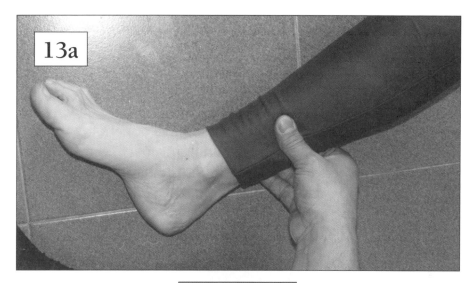

3 quilos

13b) **Bexiga 67**: No ângulo externo da unha do dedo mínimo do pé.

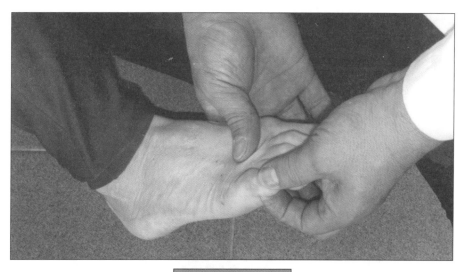

3 quilos

14) DOR DE ESTÔMAGO: GASTRITE

A gastrite é uma inflamação do revestimento interno do estômago. Pode ser causada por problemas nervosos, estresse, excesso de trabalho intelectual, falta de exercício, desregramento de dieta etc. A dor ocorre na região abdominal superior, em torno do ângulo das costelas, e é no geral do tipo cólica; vem acompanhada de sensações de ardor ou acidez estomacal.

As pressões suaves sobre estes pontos podem aliviá-la, enquanto se estuda seu diagnóstico:

14a) Vaso da concepção 12: A meia distância entre o processo xifóide e o umbigo.

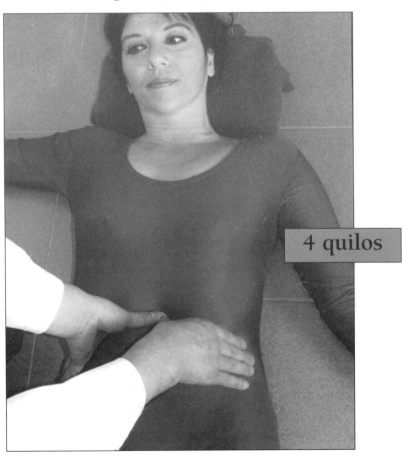

14b) Auto-aplicação: No ângulo das costelas e abaixo do processo xifóide.

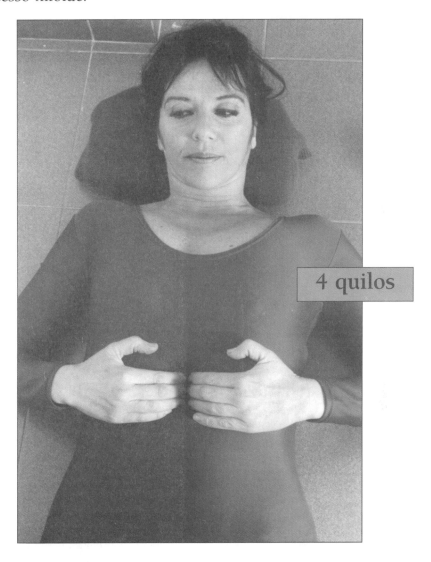

15) *CEFALÉIAS (DORES DE CABEÇA)*

Este é um sintoma que está presente num grande número de afecções, sendo portanto imprescindível conhecer a causa que a produz. A dor pode ter diferentes localizações: na nuca (occipital), na testa, supraorbitária, nos globos oculares, nas fontes ou tomando os lados da cabeça, na metade da cabeça (enxaqueca). Entre as causas vamos mencionar só as mais freqüentes: problemas digestivos (hepáticos ou vesiculares), problemas cervicais, problemas vasculares (febre, pressão arterial alta ou baixa), álcool, tabagismo, intoxicações; por esforço, hormonais (menstruação, menopausa), oculares (aumento da pressão interna do olho ou problemas de refração), auriculares (otite), sinusite crônica, lesões dentárias, bruxismo (contratura de músculos mandibulares) e anemias. Os pontos a tratar são:

15a) Vaso governador 20: Na coroa da cabeça.

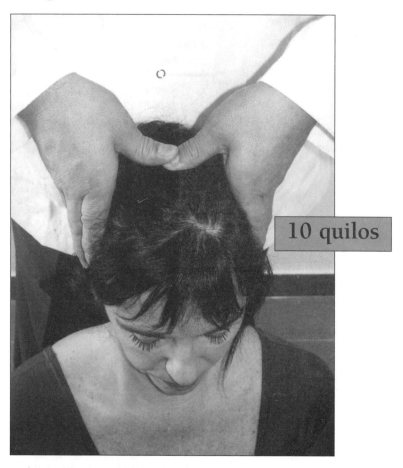

15b) Auto-aplicação.

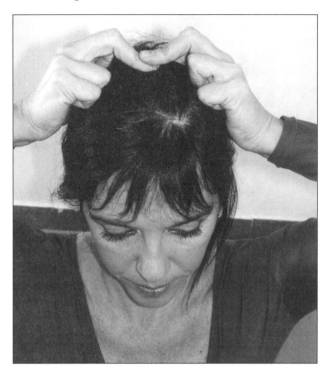

15c) Vesícula biliar 20: Na nuca, abaixo do osso occipital, atrás dos mastóides.

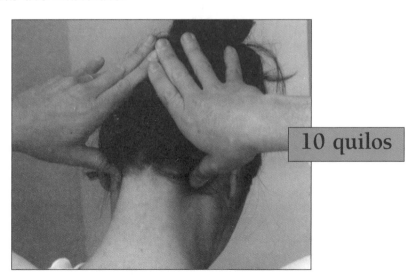

10 quilos

15d) Bexiga 10: Abaixo da borda do osso occipital, a 1,5 *cun* da linha média.

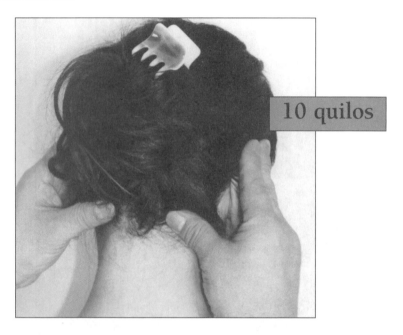

15e) Auto-aplicação.

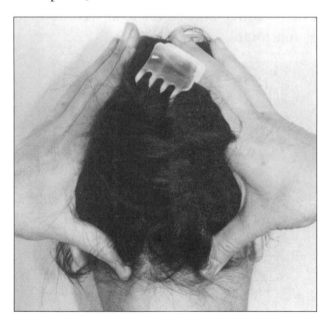

15f) **Intestino grosso 4:** Entre os dedos polegar e indicador.

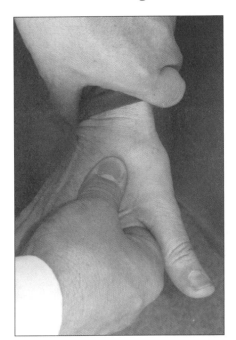
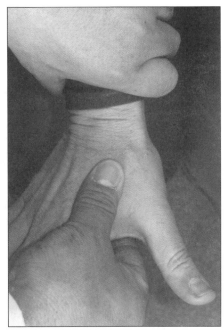

10 quilos

15g) **Vaso governador 16:** Abaixo da protuberância occipital.

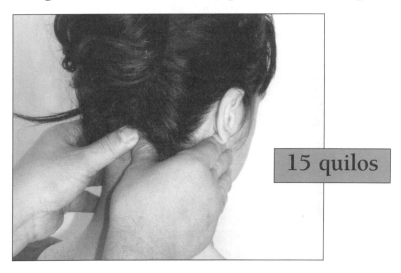

15 quilos

15h) Auto-aplicação.

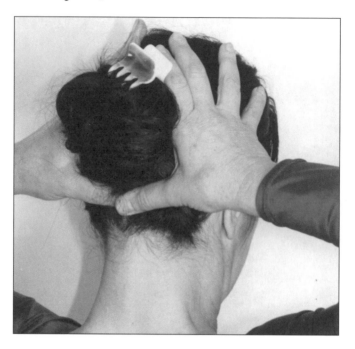

15i) Pressão em ambas as fontes.

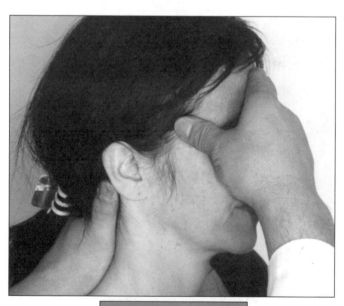

200 gramas

15j) Auto-aplicação.

15k) Pressão no entrecenho.

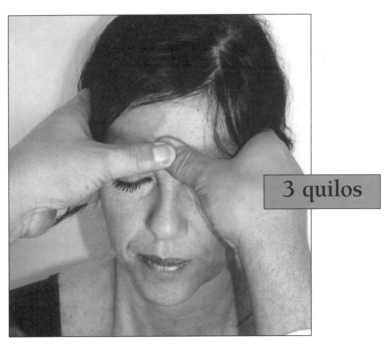

15l) Auto-aplicação.

16) CÓLICAS MENSTRUAIS

Essas cólicas ocorrem nos primeiros dias de menstruação, podendo estar localizadas no abdome inferior ou nas costas, na região sacra. Podem ser acompanhadas de cefaléias, retenção de líquidos, sensibilidade mamária e mudanças de humor. Veremos alguns pontos que as aliviam:

16a) Baço 6: A cerca de 4 dedos da ponta do maléolo medial.

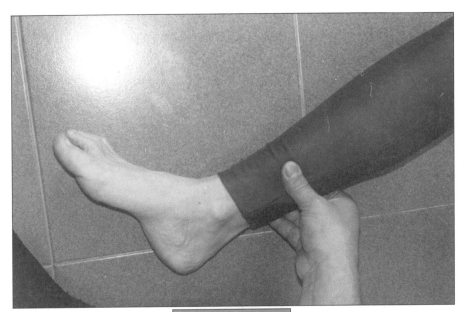

3 quilos

16b) Rins 2: No ponto médio do arco plantar interno.

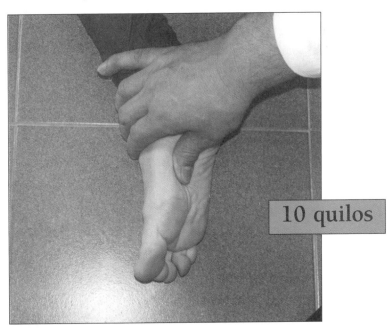

10 quilos

16c) Fígado 3: Numa depressão, a 1 *cun* da separação entre o segundo e o terceiro dedo do pé.

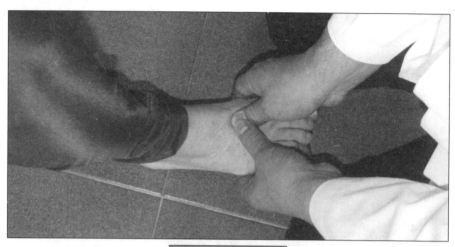

8 quilos

16d) Vaso da concepção 3: A 1 *cun* acima da borda do osso púbis.

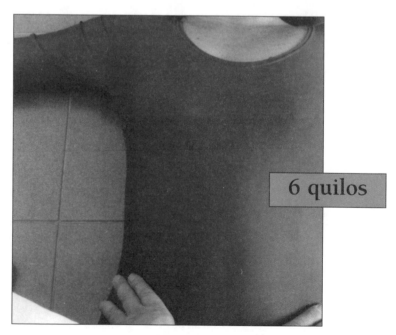

6 quilos

16e) Pontos sacros: Pressionar as depressões que se distribuem em sentido longitudinal sobre ambos os lados do osso sacro (foramens sacrais).

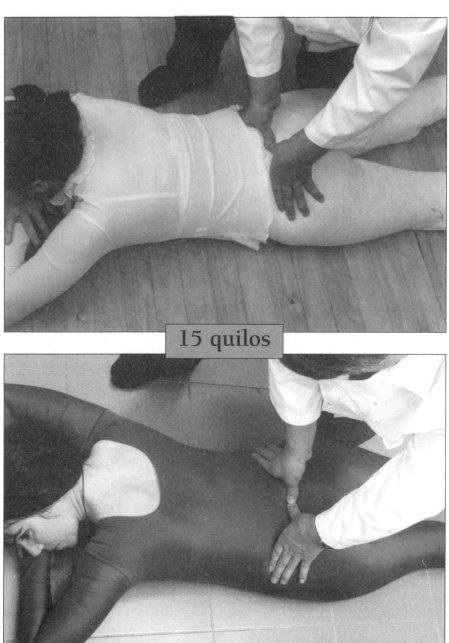

15 quilos

16f) Bexiga 23: Entre a segunda e a terceira vértebra lombar, a 1,5 *cun* da linha média.

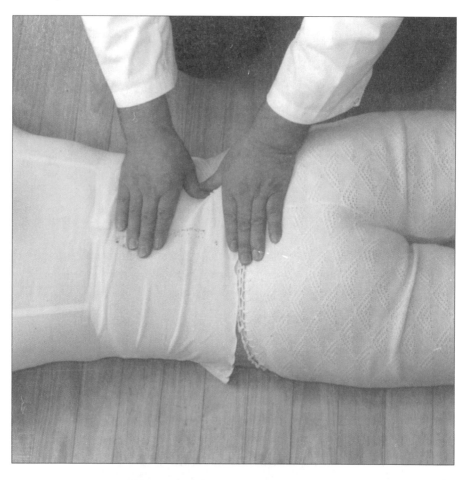

| 15 quilos | Em homens |
| 5 quilos | Em mulheres |

16g) **Vaso da concepção 3:** Auto-aplicação.

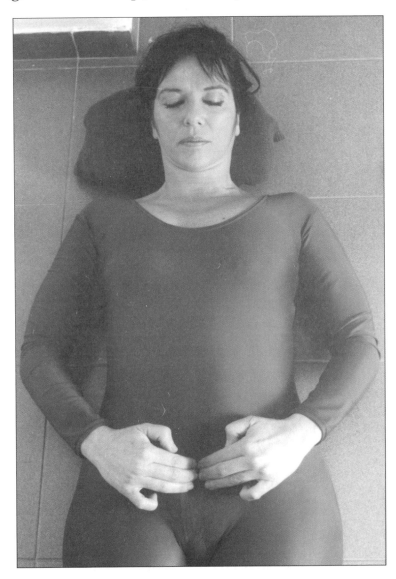

17) *NEVRALGIA FACIAL*

São dores paroxísticas no território de um nervo sensitivo, geralmente unilaterais e sem causa orgânica aparente.

17a) Estômago 5: Anterior ao ângulo da mandíbula, sobre a borda anterior do músculo masseter.

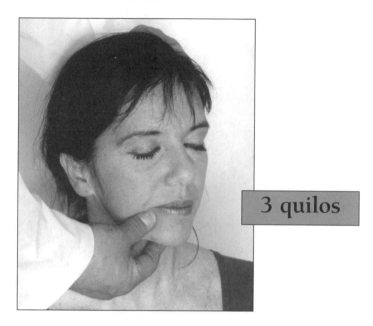

17b) Vaso da concepção 24: Abaixo do septo nasal.

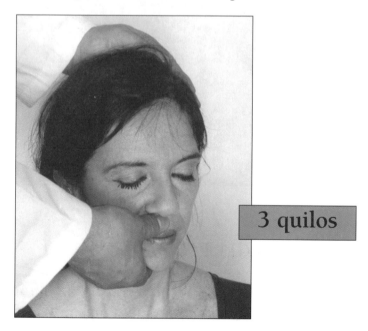

17c) **Fontes:** Pressão em ambas as fontes.

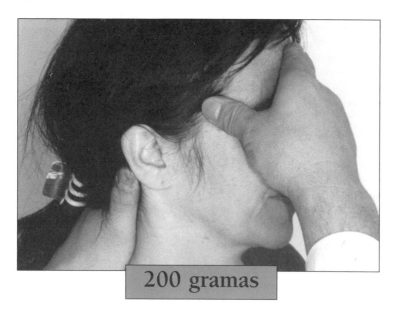

17d) Auto-aplicação.

17e) **Entrecenho:** Pressão no entrecenho.

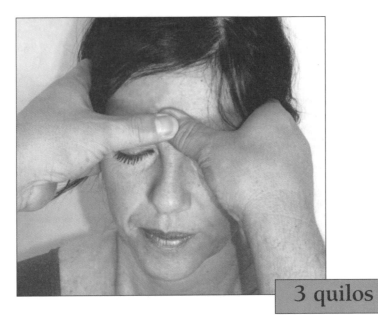

17f) **Sulco nasal:** Toda a borda do nariz.

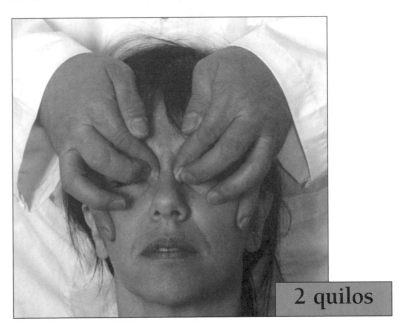

17g) **Intestino delgado 19:** À frente da orelha.

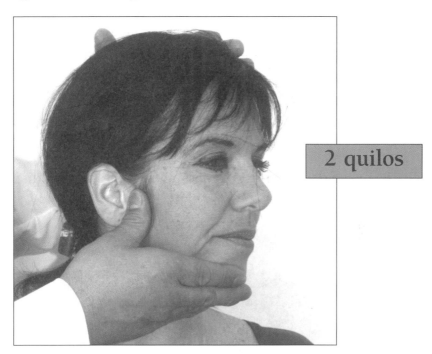

2 quilos

18) DIFICULDADE RESPIRATÓRIA (DISPNÉIA)

É uma sensação desagradável, provocada pela necessidade de fazer um esforço para respirar. Quando aparece em repouso, sempre implica um transtorno que pode ser pulmonar ou cardíaco. Quando aparece depois de um esforço, o médico deverá avaliá-la. Para melhorar o sintoma até que possamos recorrer ao médico, pressionaremos os seguintes pontos:

18a) Vaso da concepção 17: Sobre o esterno, a meia distância de ambos os mamilos.

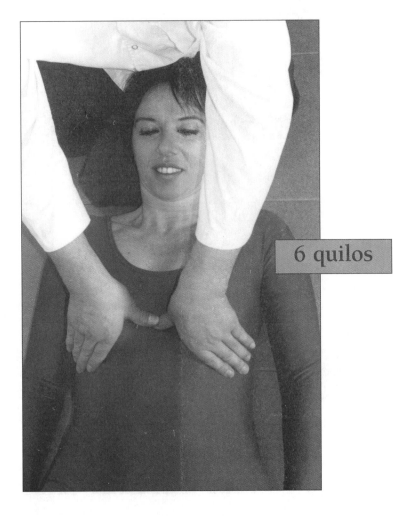

18b) Pressionar ao longo do esterno.

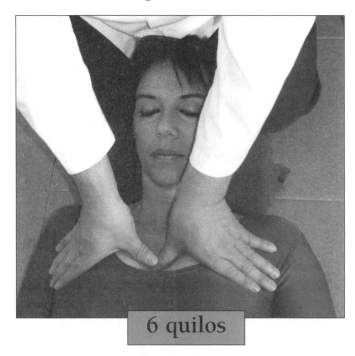

18c) **Estômago 13:** No vão subclavicular.

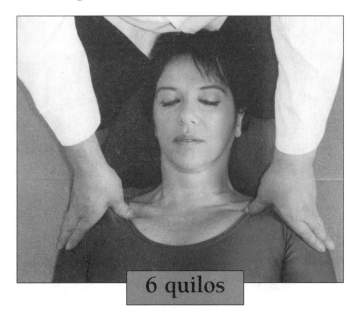

19) DOR CARDÍACA

É uma dor que geralmente ocorre atrás do esterno, percebida como uma constrição forte ou como um ardor. Ela pode se irradiar para o ombro esquerdo ou para ambos os ombros, para a face interna do braço esquerdo até a mão, na borda do dedo mínimo, ou para ambos os braços e mãos. A dor pode também se irradiar para o pescoço ou para a mandíbula. É comum que seja acompanhada de sudorese, enjôos, náuseas e medo. É causada por uma diminuição momentânea da oxigenação cardíaca.

Pressionaremos alguns pontos para aliviá-la:

19a) Região interescapular.

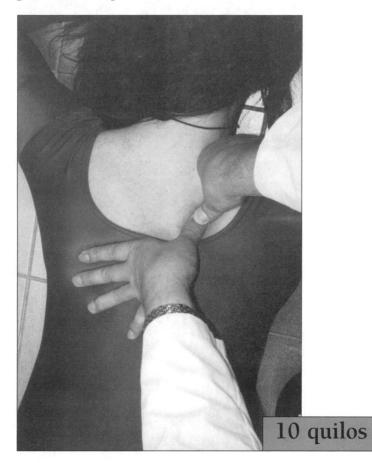

10 quilos

19b) Coração 7: Na linha articular do punho, região interna, alinhado com o dedo mínimo.

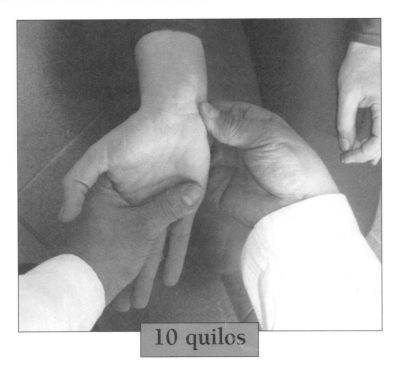

19c) Pericárdio 6: A 2 *cun* acima do ponto médio da linha articular do punho.

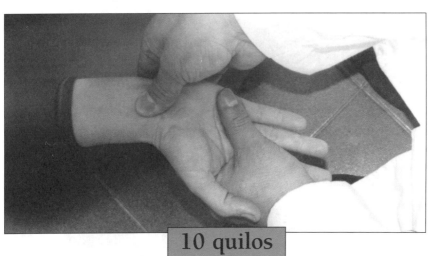

19d) Vaso da concepção 17: Sobre o esterno, a meia distância de ambos os mamilos.

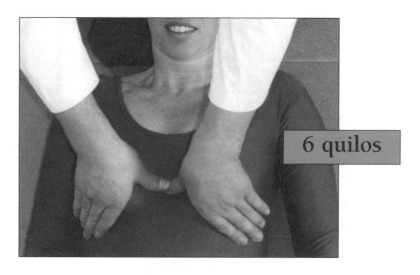

20) NEVRALGIA INTERCOSTAL

Dores que aparecem no território de um nervo intercostal, por causas infecciosas ou problemas de coluna.

20a) Espaços intercostais.

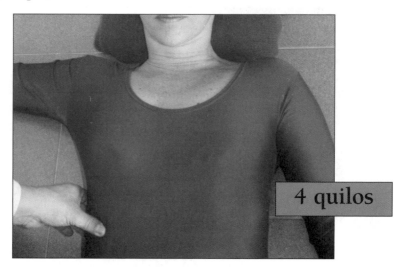

21) DOR NO COTOVELO

É uma afecção conhecida como "cotovelo de tenista" por ser comum entre esses profissionais, ainda que também ocorra em outros esportes, como o golfe, e em outras profissões: violinistas, passadeiras de roupa etc.

Deve-se a uma inflamação e/ou a uma dilaceração do tendão do músculo extensor dos dedos, que se insere no cotovelo, devido ao uso excessivo e reiterado da articulação do punho em extensão. Para aliviar essa dor, podemos pressionar:

21a) **Pericárdio 5**: Na metade da linha articular do cotovelo.

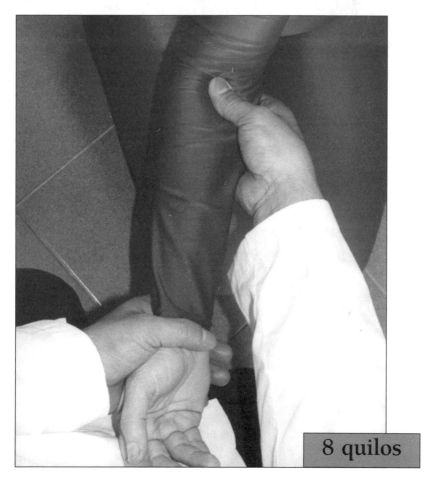

8 quilos

121

21b) Intestino delgado 8: No sulco do nervo ulnar (cotovelo).

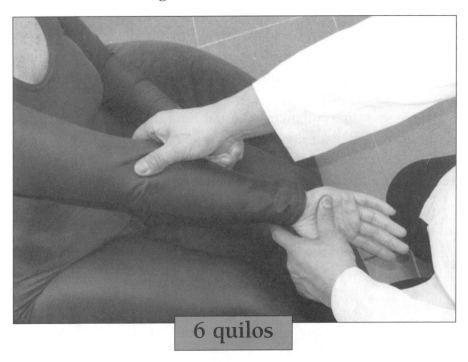

6 quilos

21c) Intestino grosso 11: Ao final da linha de flexão do cotovelo.

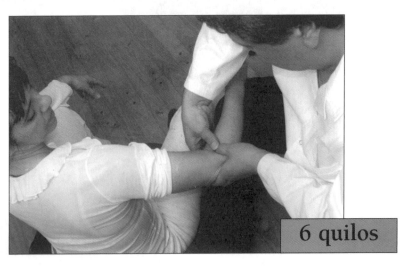

6 quilos

21d) Intestino grosso 10: A 2 *cun* abaixo do ponto anterior.

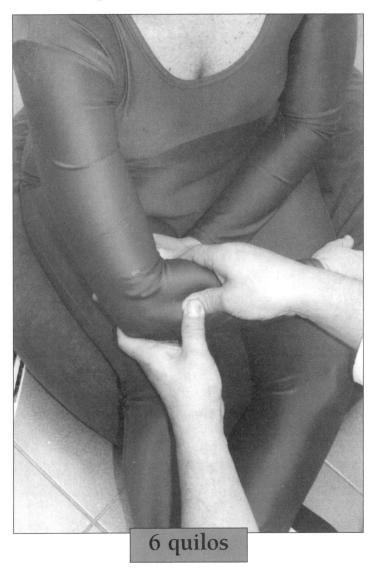

22) DOR NO PUNHO

Costuma ocorrer devido à inflamação do ligamento carpal transverso, por excesso de uso, em donas de casa (torcer roupa), em massagistas, ou por problemas das vértebras cervicais.

22a) Triplo aquecedor 4: Numa depressão lateral ao tendão do extensor comum dos dedos.

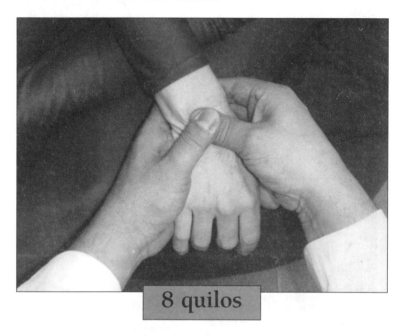

22b) Pericárdio 7: Na linha média da articulação do punho. *Pressiona-se também os pontos indicados para tratar a dor no pescoço.*

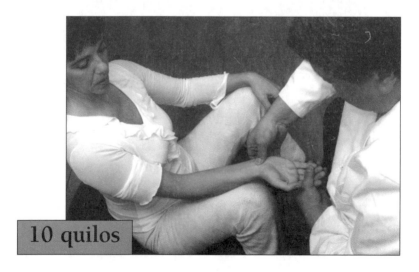

23) DOR NO OMBRO

É uma dor muito comum nas mulheres, que aparece por ocasião da menopausa. Pode ser causada por alterações hormonais, distensões nos ligamentos com inflamação crônica de ligamentos ou tendões, por mau uso da articulação ou por problemas cervicais.

Pode-se pressionar os seguintes pontos:

23a) Intestino grosso 15: Abaixo do acrômio, no meio da parte superior do músculo deltóide.

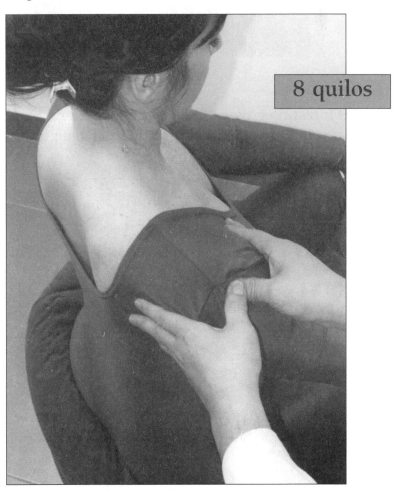

23b) Auto-aplicação.

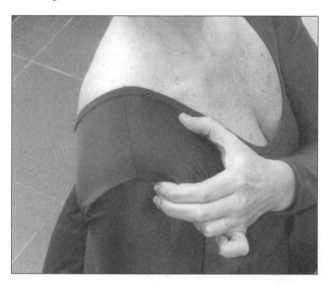

23c) Intestino grosso 16: Na parte superior do ombro, numa depressão entre a extremidade da clavícula e a ponta da escápula.

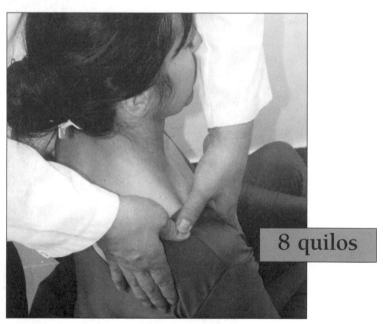

23d) Auto-aplicação.

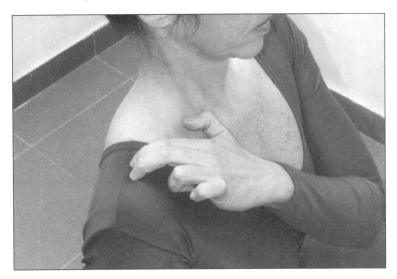

23e) Sulco deltopeitoral.

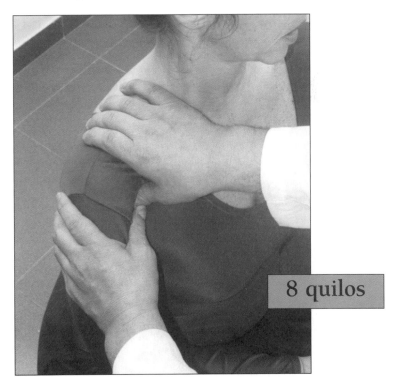

23f) Auto-aplicação.

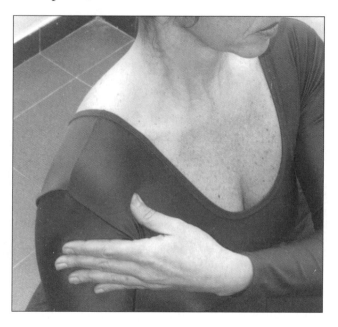

23g) Intestino delgado 9: Posterior e inferior à articulação do ombro, a 1 *cun* atrás do vão axilar.

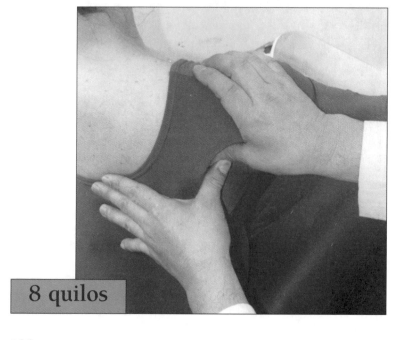

8 quilos

23h) Bexiga 11: Abaixo da primeira vértebra dorsal, a 1,5 *cun* da linha média do corpo.

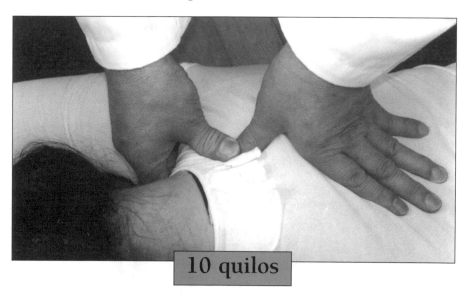

10 quilos

24) DOR OCULAR

Esta dor ocorre por cansaço geral do corpo, cansaço dos músculos dos olhos ou problemas de refração.

24a) Pressão suave sobre os globos oculares.

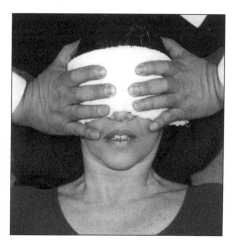
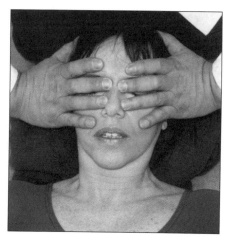

24b) Auto-aplicação.

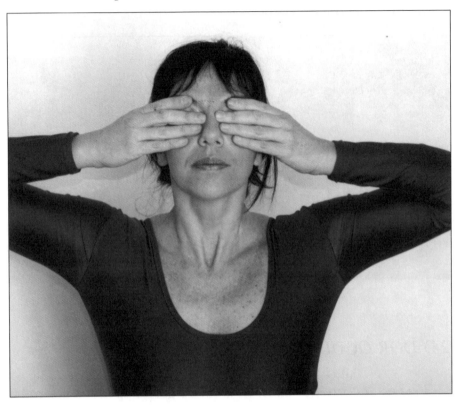

25) DOR NO PESCOÇO

O pescoço é uma das regiões mais afetadas pela tensão ou estresse; certas tarefas (como trabalhar ao computador) nos obrigam a mantê-lo em posição inadequada durante longos períodos. O excesso de trabalho intelectual tensiona em demasia os músculos que, além disso, devem suportar o peso da cabeça. A falta de descanso frente às exigências cotidianas também sobrecarrega essa região que, com o tempo e devido às contraturas musculares crônicas, pode desenvolver artrose cervical. Vamos mencionar alguns pontos para aliviar a dor no pescoço, que poderão ser acompanhados pelos pontos mencionados no item *Cefaléias*.

25a) Pressão sobre a linha vertical que sai do crânio, passa por trás da orelha e segue para baixo, até o ombro.

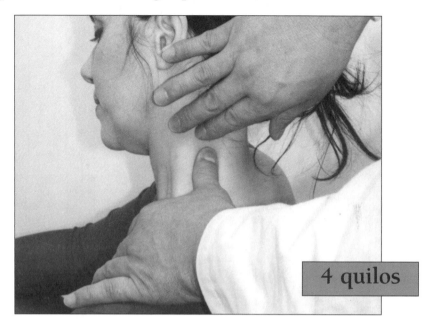

25b) Pressões ao longo da linha que desce do lóbulo da orelha até o ombro.

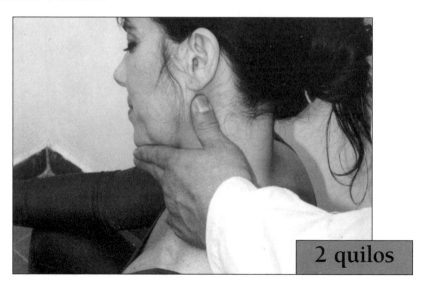

25c) Vaso governador 16: Abaixo da protuberância occipital.

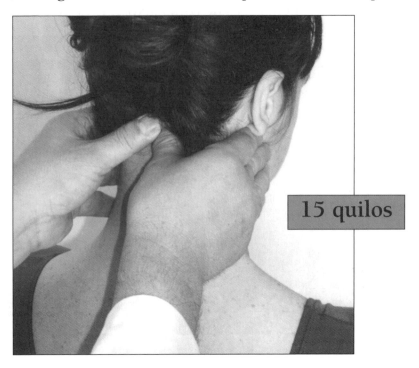

15 quilos

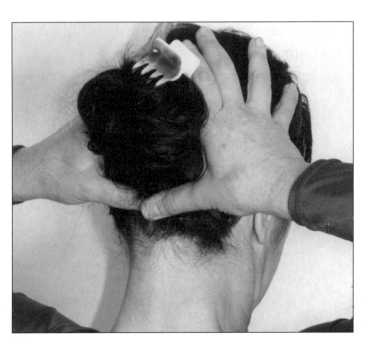

25d) Vesícula biliar 20: Na nuca, abaixo do osso occipital, por trás do processo mastóide.

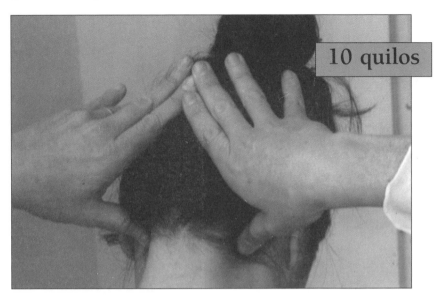

25e) Bexiga 10: Abaixo da borda do osso occipital, a 1,5 *cun* da linha média.

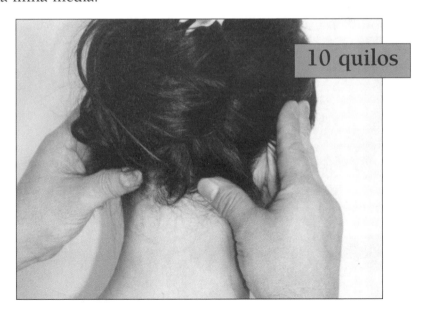

25f) Intestino grosso 18: Na altura da cartilagem tireóidea, sobre a borda posterior do músculo esternoclidomastóideo.

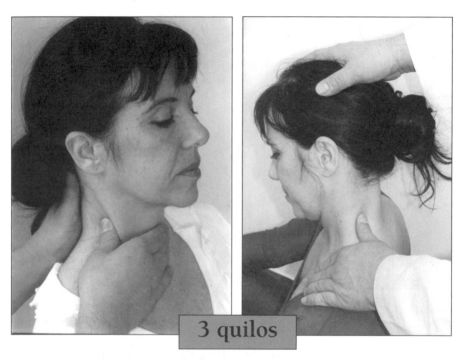

25g) Estômago 9: Na altura da cartilagem tireóidea, sobre a borda anterior do músculo esternoclidomastóideo.

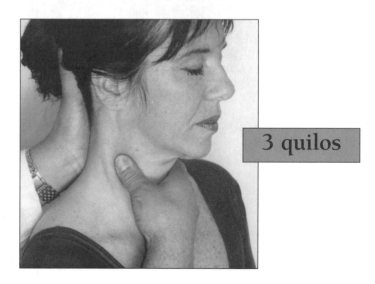

26) MASSAGEM DAS MÃOS

Por fim, vamos recomendar uma massagem em cada um dos dedos da mão, que alivia dores articulares e que, feita diariamente, mantém a vitalidade de todo o corpo.

Pressionar com o polegar e o indicador os lados de cada dedo, três vezes; depois, pressionar o dorso e a região palmar de cada dedo, três vezes também. Dirigir as pressões dos nós dos dedos para as unhas.

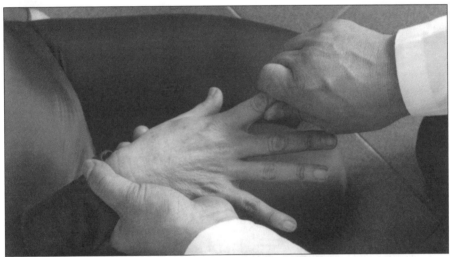

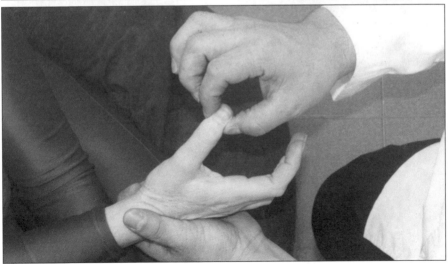

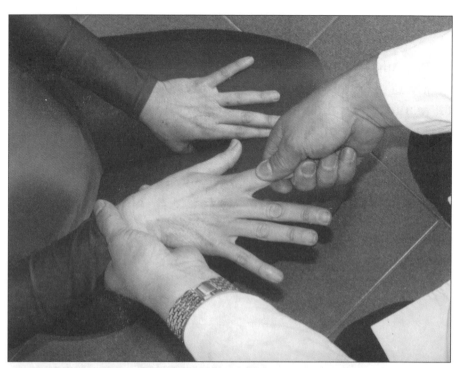
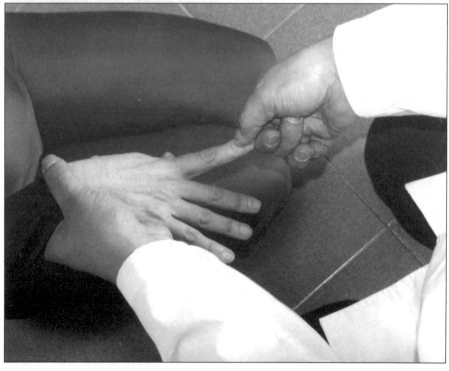

Nestas páginas, foram mencionados apenas alguns dos muitos pontos que podem ser trabalhados segundo a técnica que desenvolvemos nos capítulos anteriores.
Se você não padece de qualquer destas afecções, recomendamos que escolha um ou dois pontos de cada região ou área onde perceba alguma tendência a possíveis problemas e aplique preventivamente as pressões indicadas.

SAKANASHI MASAFUMI

Nasceu no Japão, em 30 de outubro de 1954.

Estudou em Tóquio, na Judo Sei Fuku Shi Kai, durante quatro anos. Realizou dois anos de práticas da carreira e dois anos como Assistente do Diretor, no Instituto Dr. Sugawara Yushou.

Aperfeiçoou-se na área de Shiatsu com o professor Namikoshi Tokujiro.

Estudou caratê com OYAMA Mas Sensei, e aikido com KUWAMORI Sensei, YAMAGUCHI Sensei e UESHIBA Kisshomaru Sensei.

Chegou à Argentina em 1978, tendo ministrado cursos nas províncias de Córdoba e Tucumán — sob os auspícios da Universidade Nacional de Tucumán — e na cidade de Buenos Aires.

Também deu cursos de Shiatsu no Uruguai. Ministra mais de dez cursos anuais de Shiatsu. Há mais de 25 anos trabalha na área da saúde, com Shiatsu e seiseijutsu, ou alinhamento corporal.

Atualmente é 6º dan de Aikido e tem sido convidado regularmente a realizar seminários na Venezuela, Brasil, Chile e outros países. No ano de 2002, realizou um seminário na cidade de Fort Lauderdale (EUA), convidado pelo shidoin Peter BERNATH, tornando-se o primeiro instrutor da América Latina a dar seminários nesse país.

Sensei Sakanashi realiza todas essas atividades com a aprovação de Yamada Sensei, 8º dan, Presidente da United States Aikido Federation, da Federação Latino-americana de Aikido e Diretor Técnico do Centro de Difusão do Aikido na Argentina desde o ano de 1992.

Sakanashi Masafumi
E-mail: seiseijutsu@yahoo.com.ar

DRA. ALEJANDRA MARATEA

Nasceu na Argentina, em 4 de agosto de 1957.

Médica diplomada na UBA (1984).
Residência médica no Hospital Municipal Cosme Argerich, em Anatomia Patológica (1986-1990).
Instrutora de residentes no mesmo hospital (1991).

Prática privada, em consultório particular, de Shiatsu, Acupuntura, Fitoterapia, Oligoelementos, Magnetoterapia, Eletro-acupuntura, Acupuntura coreana de mão, Dietoterapia (Macrobiótica).

Desde 1999 é Diretora da Escola Oriente de Zen Shiatsu e terapias corporais orientais.

Desde 2002 é Presidente da associação civil "Saúde para todos". Atende em restaurantes comunitários da cidade de Buenos Aires, com Shiatsu e Acupuntura.

Além da formação em medicinas tradicionais — japonesa, chinesa e coreana — recebeu ensinamentos de Aikido junto ao mestre Sakanashi. É 2º Dan e instrutora no Centro de Difusão do Aikido na Argentina.

Dra. Alejandra Maratea
E-mail: alepinkler@fibertel.com.ar

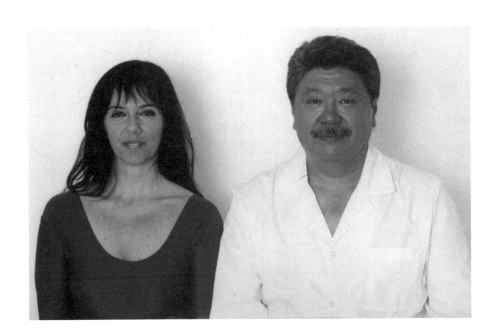